JOSÉ ORTEGA Y GASSET

SCHULD UND SCHULDIGKEIT DER UNIVERSITÄT

JOSÉ ORTEGA Y GASSET

SCHULD UND SCHULDIGKEIT DER UNIVERSITÄT

Autorisierte Übersetzung aus dem Spanischen
von HELMA FLESSA

VERLAG R. OLDENBOURG
MÜNCHEN 1952

Titel der spanischen Originalausgabe:
„La misión de la universidad" Madrid 1930

Gesamtherstellung: Münchner Buchgewerbehaus GmbH., München 13

VORWORT

Beim Lesen dieses Essays muss man bedenken, dass es sich um ein Impromptu handelt, das vor 22 Jahren geschrieben und damals, spanisch, veröffentlicht wurde. Es richtete sich an die Studentenschaft in einer Zeit der Unruhen, wenige Wochen vor dem Regimewechsel, der die Monarchie durch die Republik ersetzte. In diesen 22 Jahren haben sich bei allen Völkern Europas so ernste, einschneidende Veränderungen vollzogen, daß das Problem der Universitätsreform zurückgedrängt wurde, ja verblaßte, und die Universitäten selbst sich gezwungen sahen, entweder ihr Leben zeitweilig auszusetzen oder in den Niederungen einer von schwersten Bedrängnissen und Ängsten erschütterten Kollektivexistenz dahinzuvegetieren.

Als ich diesen Essay in seiner deutschen Fassung durchlas, wurde mir der Unterschied zwischen der Gegenwart und der Zeit, in der diese Arbeit entstand, erst so recht klar. Dieser Unterschied liegt im wesentlichen darin, daß die kontinentalen Nationen damals, wenn auch schon kranke, doch noch normale Gesellschaften waren. Sie bewahrten ihre Struktur und ihr Profil, so daß man, wenn von der Universität gesprochen wurde, diese Gestalt des nationalen Kollektivkörpers vor Augen hatte. Heute aber befinden sich die nationalen Gesellschaften in einem Stadium so radikaler Umbildung, daß sie überhaupt keine Struktur mehr besitzen und sich ihre Gestalt verwischt hat. Um so mehr dürften die dargelegten Reformgedanken ihren vollen Wert behalten und zu einer Universitätsreform anregen, sofern sie eines Tages wieder möglich erschiene.

April 1952

Der Verfasser

I

DIE GRUNDFRAGE

Die Universitätsreform darf sich nicht darauf beschränken, Mißbräuche abzustellen. Reform ist stets eine Neuschöpfung. Die Mißbräuche sind in der Regel von nebensächlicher Bedeutung, denn entweder sind sie Mißbräuche im üblichen Sinn des Wortes und damit Einzelfälle, eine Abweichung von den guten Bräuchen oder sie sind so häufig, so eingewurzelt und toleriert, daß der Ausdruck gar nicht mehr auf sie paßt. Im ersteren Fall werden sie sich automatisch korrigieren, im letzteren wäre es müßig, dagegen einzuschreiten, weil sie durch ihre Häufigkeit und Natürlichkeit keine Anomalien mehr sind, sondern die Folge schlechter Bräuche überhaupt. Das ist es, wogegen man vorgehen muß, und nicht gegen die Mißbräuche.

Jede Reformbewegung, die sich darauf beschränkte, die gewöhnlichen Mißbräuche an unserer Universität abzustellen, hätte unvermeidlich eine ebenso unfruchtbare Reform im Gefolge.

Das Wichtigste sind die Bräuche, ja, mehr noch, sie sind das Symptom, an dem man es eindeutig erkennt, wenn die konstitutiven Bräuche einer Institution richtig sind, wenn sie ohne allzu großen Schaden eine kräftige Dosis an Mißbräuchen vertragen, wie der gesunde Mensch, der sich ohne merkliche Schädigung Exzesse erlauben darf, die den Schwachen umwerfen. Eine Institution aber kann sich erst dann auf guten Bräuchen konstituieren, wenn ihre Mission genauestens festgelegt ist.

Eine Institution ist eine Maschine, deren Struktur und Funktion auf die von ihr erwartete Arbeit abgestellt sind. Mit anderen Worten, die Wurzel der Universitätsreform ist die richtige Erkenntnis ihrer Mission. Jede Renovierung unseres Hauses wird verlorene Liebesmühe bleiben, wenn sie nicht vorher mit Energie, Entschlossenheit, Klarheit und Ehrlichkeit geplant worden ist.

Weil es nicht so angepackt wurde, blieben alle Verbesserungsversuche, auch die vom besten Willen getragenen, einschließlich der vom Claustro selbst vor einigen Jahren ausgearbeiteten Projekte, erfolglos. Wie könnte es auch anders sein, wenn ein Wesen – sei es Individuum oder Kollektiv – zu seiner gedeihlichen, fülligen Existenz sich in seinen Fähigkeiten ausschwingen muß, wozu es als Unerläßlichkeit seine Echtheit, seine Authentizität, braucht und nicht gezwungen werden darf, etwas anderes zu sein, als es ist, und seine unabänderliche Bestimmung durch unsere vermessenen Wünsche zu fälschen.

Bei den Versuchen der letzten 15 Jahre – von den schlimmeren ganz zu schweigen – haben die Besten, anstatt sich die Frage vorzulegen: „Wozu existiert eigentlich die Universität, wofür ist sie da und wozu müssen wir sie haben?“, den weit bequemeren, aber auch sterileren Weg gewählt, scheel auf das zu schauen, was an den Universitäten der Mustervölker geleistet wurde.
Es liegt mir ferne zu tadeln, wenn man sich durch den Blick auf andere, vorbildliche, zu informieren trachtet, ganz im Gegenteil, nur darf man sich dadurch nicht von der Lösung der eigenen Probleme ablenken lassen. Das hat nichts mit „volksecht“ (castizo) und ähnlichem Gefasel zu tun. Selbst in dem Falle, daß wir – Menschen oder Länder – gleichgeartet wären, wäre die Imitation unheilvoll, denn bei der Nachahmung bleibt das Schöpferische im Ringen mit den Problemen ausgeschaltet, durch das wir erst den wahren Sinn und die Grenzen oder Mängel der von uns imitierten Lösung begreifen. Also weg mit dem „casticismo“, der in Spanien ja so nur ein rurales Überbleibsel ist. Zu den gleichen Folgerungen und Formen wie andere Länder zu kommen, ist belanglos; wichtig ist nur, daß wir selbständig und in persönlicher Auseinandersetzung mit der substantiellen Frage dazu gelangen.
Es ist irrig, wenn die Besseren sagen: Das englische Leben war und ist ein Wunder, also sind die englischen Mittelschulen vorbildlich, *denn* aus ihnen ist

dieses Leben entsprossen. Oder, die deutsche Wissenschaft ist ein Mirakel. *Ergo* wäre die deutsche Universität eine vorbildliche Institution, *denn* durch sie wurde ja diese Wissenschaft erzeugt. Eifern wir also der englischen Mittelschule und den deutschen Universitäten nach!

Der Irrtum stammt aus dem XIX. Jahrhundert. Die Engländer schlugen Napoleon I. „Die Schlacht von Waterloo wurde auf den Sportplätzen von Eton gewonnen." Bismarck versicherte Napoleon III.: „Der Siebzigerkrieg ist der Sieg des preußischen Schulmeisters und des deutschen Professors."

Dem liegt ein *krasser Irrtum* zugrunde. Er hat sich in den Köpfen festgesetzt und muß mit der Wurzel ausgerissen werden. Er besteht in der Voraussetzung, daß die Nationen nur deshalb groß sind, weil sie gute Schulen haben. – Volksschulen, Mittelschulen, Hochschulen. Diese Anschauung ist ein Überbleibsel der „idealistischen" Bigotterie des vergangenen Jahrhunderts. Sie schreibt der Schule eine Kraft zu, die sie gar nicht hat und auch nicht haben kann. Wenn man sich damals für etwas begeisterte, etwas besonders hochschätzte, mußte man es übertreiben, zum Mythos machen. Wenn eine Nation groß ist, hat sie selbstverständlich auch gute Schulen. Es gibt keine große Nation ohne gute Schulen. Dasselbe trifft aber auch auf ihre Religion, ihre Politik, ihre Wissenschaft und alle möglichen anderen Dinge zu.

Die Festigung einer Nation erfolgt in ihrer Gesamtheit. Bei einem politisch tiefstehenden Volk ließe sich auch von der allerbesten Schule nichts erwarten. In diesem Falle würde höchstens eine Schule taugen, in der eine kleine Minderheit erzogen wird, die abseits und gegen den Rest des Landes lebt. Eines Tages würden dann die Zöglinge dieser Schule das gesamte Leben ihres Landes beeinflussen und durch ihre Geschlossenheit zur Hebung des allgemeinen Schulwesens ihres Landes beitragen.

Zusammenfassend kann festgestellt werden, daß die Schule als normale Institution eines Landes weit mehr von der Atmosphäre der Öffentlichkeit, in der sie sich ja bewegt, abhängt, als von der hinter ihren Mauern künstlich gezüchteten pädagogischen Luft. Die Schule ist nur dann gut, wenn von beiden Seiten her der Luftdruck ausgeglichen wird.

Folgerung: Wenn die englischen Mittelschulen und die deutschen Universitäten noch so ausgezeichnet wären, verpflanzen könnte man sie doch nicht, weil sie ja selber nur ein Teil ihres eigensten Wesens sind. Ihre Realität ist in seinem ganzen Wesen das Land, das sie schuf und sie erhält.

Durch diesen irrigen, auf einem Kurzschluß beruhenden Gedankengang ließen sich die darin Befangenen abhalten, sich diese Schule einmal richtig zu betrachten, um zu merken, was sie als Institutionen oder Apparate überhaupt waren. Sie verwechselten sie mit dem, was in ihnen zwangsläufig englisches Leben, deutsches Denken sein mußte. Da wir aber weder das englische Leben, noch das deutsche Denken zu uns bringen können, sondern höchstens die einfachen pädagogischen Einrichtungen, muß man sie *unter Abzug der allgemeinen und an die Umwelt gebundenen Kräfte jener Länder* nur als Institutionen betrachten.

Dann aber wird man bemerken, daß die deutsche Hochschule *als Institution* eher etwas Klägliches ist. Wenn die deutsche Wissenschaft nur den rein institutionellen Tugenden der Universität erwüchse, wäre an ihr herzlich wenig. Glücklicherweise aber ist die freie Luft, die die deutsche Seele atmet, so mit Anregung und Dispositionen für die Wissenschaft geschwängert, daß dadurch die Kardinalmängel ihrer Universität ausgeglichen werden. Über das englische Mittelschulwesen bin ich nicht genau unterrichtet, was ich jedoch aus der Ferne sehe, läßt mich vermuten, daß auch dieses als institutionelles Regime recht mangelhaft ist.

Doch handelt es sich nicht um meine Werturteile. Es ist erwiesen, daß in England die Mittelschule und in Deutschland die Universität in einer Krise stehen. Man beachte die vom preußischen Unterrichtsminister Becker nach der Aufrichtung der Republik an der deutschen Universität geübte Kritik. Seitdem ist sie Gegenstand der Diskussion.

Dadurch, daß sich unsere besten Professoren mit der

Nachahmung begnügen und dem Imperativ des Denkens, der selbständigen Lösung von Fragen aus dem Wege gehen, leben sie in allem noch im Geist von vor 15 oder 20 Jahren, auch wenn sie in den Einzelheiten ihrer Wissenschaft mit der Zeit gehen. Es ist das tragische Geschick des Nachzüglers, der die Anstrengung, echt zu sein und sich seine eigenen Überzeugungen zu schaffen, meidet. Die Zahl der Jahre, um die es sich bei dieser Verspätung handelt, ist vom Zufall abhängig. Jede historische Schöpfung – Wissenschaft, Politik – kommt aus einem bestimmten Geist, aus einer gewissen Modalität des menschlichen Verstandes. Diese Modalität entsteht aus einem spezifischen Pulsschlag oder Rhythmus, nämlich mit jeder Generation. Eine Generation schafft ihrem Geist entstammende Ideen, Wertbestimmungen etc. Wer diese Schöpfungen nachahmt, muß ihr Zustandekommen abwarten und wartend zusehen, daß die vorherige Generation ihre Aufgabe vollendet. Dann übernimmt erst sie die Prinzipien, wenn diese bereits am Verfallen sind, eine andere, neue Generation bereits zu ihrer Reform schreitet und ein Reich des neuen Geistes errichtet. Jede Generation ringt 15 Jahre um den Sieg, und ihr Modus hält sich weitere 15 Jahre. Erbarmungsloser Anachronismus der Völker, die nachahmen und keine Authentizität besitzen!

Man unterrichte sich am Ausland, aber man suche darin kein Vorbild.

Es gibt keine Möglichkeit, der Kardinalfrage auszuweichen: Welche Mission hat die Universität?

*

Welche Mission hat die Universität? Um das festzustellen, müssen wir uns darüber klarzuwerden trachten, was die Universität heute in und außerhalb Spaniens bedeutet. Wie sehr sich auch die europäischen Universitäten rangmäßig unter sich unterscheiden, so bleiben die generellen Züge ihrer Physiognomie doch homogen[1]).

Wir finden dabei zunächst, daß die Universität jene Institution ist, in der fast alle jene einen höheren Unterricht empfangen, denen er in anderen Ländern auch erteilt wird. Das einschränkende „fast" bezieht

---

[1]) So pflegt man z. B. die zwischen der englischen und der kontinentalen Universität bestehende Diskrepanz zu übertreiben, ohne zu bedenken, daß die Hauptunterschiede nicht auf Rechnung der Universität, sondern auf die Eigenart des englischen Charakters kommen. Was zwischen den Ländern verglichen werden muß, sind die in den heutigen Universitätsorganismen vorherrschenden Tendenzen und nicht der Grad ihrer Verwirklichung, der selbstverständlich hier und dort verschieden ist. Der zähe Konservativismus des Engländers macht es, daß in seinen höheren Instituten Scheindinge beibehalten werden, die nicht nur er selber als unzeitgemäß anerkennt, sondern die auch in der Realität des britischen Universitätslebens nur mehr als bloße Fiktionen gelten. Es käme mir lächerlich vor, würde sich jemand herausnehmen, den Engländer in seinem freien Willen zu beschränken und ihn zu tadeln, weil er sich den Luxus leistet, diese Fiktionen ganz bewußt aufrechtzuerhalten. Er kann sich diesen Luxus erlauben. Nicht weniger

sich auf die Fachschulen, deren von der Universität abgesonderte Existenz ein eigenes Problem bildet. Nach dieser Erläuterung können wir von dem „fast" absehen und uns dahin einigen, daß auf der Universität alle jene den höheren Unterricht auch wirklich erhalten, die ihn suchen. Aber schon stoßen wir auf eine weitere, wichtigere Einschränkung als die der vorerwähnten Fachschulen (Escuelas Especiales). Alle jene, die Hochschulunterricht bekommen, sind nicht die, die ihn erhalten könnten und sollten, sondern nur die Söhne der begüterten Schichten. Die Universität stellt ein schwer zu rechtfertigendes und aufrechtzuerhaltendes Privilegium dar. Thema: die Arbeiter in der Universität. Das bleibe hier dahingestellt. Aus zwei Gründen:

1. Wenn man es, wie ich glaube, für richtig hält, dem

---

lächerlich wäre es aber, diese Fiktionen ernst zu nehmen und zu glauben, daß sich der Engländer über ihren fiktiven Charakter Illusionen hingibt. In den von mir gelesenen Studien über das englische Universitätswesen fällt man immer auf die feine List der Ironie und des englischen „cant" herein. Man glaube nicht, daß, wenn England den nicht professionellen Anschein seiner Universitäten und die Perücken seiner Beamten beibehält, es sie deshalb auch für zeitgemäße halte, sondern es bleibt im Gegenteil gerade deshalb dabei, weil diese Dinge veraltet, vergangen und überflüssig sind. Sie wären ja sonst kein Luxus, kein Sport, kein Kult und anderes, Profunderes, was der Engländer in diesen Scheindingen sucht. Unter der Perücke übt er nämlich Justiz nach modernsten Gesichtspunkten aus, und unter dem unprofessionellen Aspekt ist die englische Universität in den letzten 40 Jahren so professional wie jede andere geworden.

Arbeiter das Universitätswissen zugänglich zu machen, dann deswegen, weil man es für wertvoll und wünschenswert hält. Das Problem, die Hochschule zu universalisieren, setzt konsequenterweise die vorangehende genaue Bestimmung dessen voraus, was dieses Wissen und dieser Hochschulunterricht denn eigentlich sind.

2. Die Aufgabe, dem Arbeiter die Universität zu öffnen, ist nur zum geringsten Teil eine Frage der Universität, dafür fast in ihrer Gänze eine Sache, die den Staat angeht. Sie würde aber nur durch eine gewaltige Reform des Staates selbst gelöst werden können. Bis jetzt sind alle darauf abzielenden Versuche – Ausweitung der Universität etc. – gescheitert.

Für den Moment muß unterstrichen werden, daß in der Universität alle jene den höheren Unterricht erhalten müssen, die *heute* dort unterrichtet werden. Wird morgen ihre Zahl vergrößert, werden nachstehende Gedanken nur um so gewichtiger sein.

Worin besteht der höhere Unterricht, den die Universität den Legionen junger Leute bietet? In zwei Dingen:

a) In der Ausbildung für intellektuelle Berufe,

b) In der wissenschaftlichen Forschung und der Heranbildung des Forschernachwuchses.

Die Universität vermittelt die Fachausbildung des Arztes, des Rechtsanwalts, des Richters, Notars, Wissenschaftlers, Staatsbeamten, Mittelschullehrers etc.

Außerdem wird in der Universität die Wissenschaft selbst gepflegt, man forscht und man lehrt die Forschung. In Spanien ist diese schöpferische und den Wissenschaftler fördernde Funktion noch auf ein Minimum beschränkt, nicht aus Verschulden der Universität und auch nicht, weil sie etwa der Ansicht wäre, daß dies nicht ihre Aufgabe sei, sondern aus dem notorischen Mangel an wissenschaftlichen Begabungen und Forschernaturen, der das Stigma unserer Rasse ist. Würde in Spanien emsig und in Fülle Wissenschaft getrieben, geschähe dies, wie mehr oder minder in den anderen Ländern auch, in der Hauptsache an der Universität. Für die von mir hier unternommene energische Behandlung des Universitätsthemas sind diese verschiedenen Grade der Entwicklung nicht von Belang. Es genügt mir die Tatsache, daß sämtliche Reformen der letzten Jahre den entschlossenen Vorsatz bekunden, die Forschungsarbeit und die Erziehung zum Wissenschaftler an unseren Universitäten zu steigern, *die gesamte Institution in diesem Sinn zu orientieren.* Man komme mir nicht mit trivialen Einwänden und mit Kleinmut. Es ist hinlänglich bekannt, daß unsere besten und auf die Universitätsreformen einflußreichsten Professoren der Überzeugung sind, daß sich unser Institut in diesem Punkt den heutigen Leistungen der ausländischen Hochschulen angleichen müsse. Und das genügt mir.

Der höhere Unterricht besteht also in der Berufsausbildung und in der Forschung. Ohne jetzt auf das Thema näher einzugehen, sei bemerkt, daß es überraschen muß, zwei so ungleiche Funktionen gekoppelt und verschmolzen zu sehen. Der Beruf des Anwalts, Richters, Arztes, Apothekers, Latein- oder Geschichtsprofessors an einer Mittelschule ist ja ohne Zweifel von dem des Rechtsgelehrten, Physiologen, Biochemikers, Philologen etc. grundverschieden. Erstere sind praktische Berufe, letztere rein wissenschaftliche Funktionen. Nun braucht aber die Menschheit Ärzte, Apotheker, Pädagogen in großer Anzahl, Wissenschaftler hingegen nur in beschränkter Menge[1]). Bräuchte sie von den letzteren sehr viele, wäre das eine Katastrophe, denn die Berufung zum Wissenschaftler ist selten und setzt eine ganz besondere Begabung voraus. Es muß also überraschen, daß die für alle geltende Berufsausbildung und die nur ganz wenigen bestimmte Forschung vereinigt, verschmolzen auftreten. Diese Frage muß noch etwas zurückgestellt werden. Ist der Hochschulunterricht nicht mehr als Berufsausbildung und Forschung? Bei oberflächlicher Betrachtung können wir nichts anderes entdecken. Bei näherer Untersuchung des Unterrichtsprogramms bemerken wir jedoch, daß vom Studenten, über sein Berufsstudium und die Forschungsarbeit hinaus, die Belegung von

[1]) Ihre Anzahl muß größer werden als sie heute ist. Aber selbst dann wird sie zahlenmäßig unter den anderen Berufen stehen.

Fächern allgemeinen Charakters – Philosophie, Geschichte – verlangt wird.
Man braucht den Blick nicht übermäßig zu schärfen, um in dieser Forderung einen letzten traurigen Rest von etwas Größerem, Bedeutenderem zu erkennen. Daß etwas ein Überbleibsel ist, erkennt man, in der Biologie und in der Geschichte, daran, daß man den Zweck seines Vorhandenseins nicht einsieht. Wie sich dieser Rest heute zeigt, dient er zu nichts mehr. Um sich den heutigen Stumpf in seiner Vollständigkeit und robusten Wirkung vorzustellen, muß man auf eine vergangene Entwicklungsepoche zurückgreifen[1]).
Die von der Universität heute dafür vorgebrachte Rechtfertigung ist reichlich unklar. Sie behauptet, der Student müsse eine gewisse „Allgemeinbildung" erhalten. „Allgemeinbildung"! – das Absurde dieser Bezeichnung, ihre Aufgeblasenheit beweisen allein schon ihre Hohlheit. „Bildung", auf den menschlichen

---

[1]) Man denke nur daran, wie es in den Zeiten des Primitivismus war. Eines seiner allgemeinen Charakteristika war der Mangel an persönlicher Sicherheit. Die Begegnung zweier Personen war immer eine Gefahr, weil jeder Mensch bewaffnet ging. Die Annäherung mußte daher durch gewisse Normen und Zeremonien geschützt werden, die bekundeten, daß man die Waffen abgelegt hatte und die Hand nicht plötzlich nach einer verborgen gehaltenen Waffe greifen konnte. Zu diesem Zweck war es das beste, sich gegenseitig an der Hand zu fassen, an der Hand, mit der man tötete, normalerweise die rechte. Aus dieser Zeit hat sich unser Händeschütteln erhalten, das, abgetrennt vom damaligen Lebenstyp, heute unverständlich, also ein Überbleibsel ist.

Geist angewendet, muß immer generell sein. Man kann nicht etwa in Physik oder in Mathematik „gebildet“ sein. In solchen Materien ist man gelehrt, aber nicht gebildet. Durch den Ausdruck „Allgemeinbildung“ gibt man zu erkennen, daß der Student eine Art ornamentales, irgendwie auf Charakter und Intelligenz erzieherisch wirkendes Wissen erhalten soll. Für ein so verschwommenes Vorhaben taugt aber ebensogut jede andere der Disziplinen, die nicht gerade zur Technik gehören, sondern eher als „müßig“ empfunden werden: „Man lasse mich aus mit der Philosophie oder der Geschichte oder der Soziologie!“

Wenn wir auf die Entstehungszeit der Universität – das Mittelalter – zurückblicken, dann sehen wir, daß der heutige Rest das Residuum dessen ist, was einstmals den höheren Unterricht im eigentlichen Sinne ausmachte.

Auf der Universität des Mittelalters wurde nicht geforscht[1]) und die Berufsausbildung nahm nur einen bescheidenen Raum ein. Dafür war alles ... „Allgemeinbildung“ – Theologie, Philosophie, „Künste“.

Was heute „Allgemeinbildung“ genannt wird, war im Mittelalter etwas anderes. Es war weder Geistesschmuck noch Charakterschulung, sondern das System der Vorstellungen über Welt und Menschheit, wie

---

[1]) Damit sei nicht gesagt, daß man im Mittelalter nicht auch geforscht hätte.

es der Mensch von damals eben besaß. Sozusagen das Repertoire der Überzeugungen, von denen seine Existenz gelenkt wurde.

Das Leben ist ein Chaos, ein Dickicht, ein Gewirr. Der Mensch verliert sich darin. Aber sein Geist reagiert auf dieses Gefühl des Untergangs, dieses Sichverirren. Er bemüht sich, im Dickicht „Wege", „Pfade"[1]) zu finden, das heißt, klare, bestimmte Vorstellungen vom Universum, positive Überzeugungen vom Wesen der Dinge und der Welt. Diese Überzeugungen sind in ihrer Gesamtheit, in ihrem System Bildung im wahrsten Sinne des Wortes; alles übrige ist nur schmückendes Beiwerk. Bildung ist das, was den Menschen vor dem Schiffbruch des Lebens rettet, was es ihm ermöglicht zu leben, ohne daß sein Leben zur sinnlosen Tragödie oder zur tiefsten Erniedrigung wird.

Ohne Ideen können wir nicht menschlich leben. Von ihnen hängt unser Tun ab, denn Leben ist ja nichts anderes, als das oder jenes zu tun. Ein uraltes indisches Buch sagt: „Unsere Handlungen folgen unseren Gedanken wie das Rad des Wagens der Klaue des Ochsen." In diesem, keineswegs intellektuellen Sinn *sind* wir unsere Gedanken[2]).

---

[1]) Daher kommt es, daß in den Anfängen jeder Kultur der Ausdruck „Weg" — *hodós* und *méthodos* der Griechen, ebenso *tao* und *te* der Chinesen, „*Pfad*" und „*Fahrzeug*" der Inder erscheint.

[2]) Unsere Vorstellungen und Überzeugungen können durchaus anti-intellektualistisch sein. So sind die unserer Zeit im allgemeinen.

Der in diesem Fall überaus gedankentiefe Gideon würde dazu die Feststellung machen, daß der Mensch stets das Geschöpf seiner Epoche ist, d. h. er ist dazu berufen, sein Leben stets auf einer bestimmten Entwicklungshöhe der Menschheitsgeschichte zu leben. Der Mensch gehört konsubstantiell immer einer Generation an, und jede Generation baut sich nicht irgendwo, sondern genau auf der vorangegangenen Generation auf. Man muß also unbedingt auf der jeweiligen Höhe der Zeit[1]) und ganz besonders auf der Höhe der Vorstellungen der Zeit leben.

Bildung ist zuerst das vitale System der Ideen der jeweiligen Zeit. Es spielt keine Rolle, daß diese Vorstellungen oder Überzeugungen, zum Teil oder vollständig, unwissenschaftlich sind. Für unsere heutige Kultur ist charakteristisch, daß ihr Gehalt größtenteils von der Wissenschaft kommt. In anderen Kulturen war es nicht so, und es ist gar nicht gesagt, daß es bei der unseren immer so bleiben wird.

Diese Seite der Kultur – ihre intellektuelle – ruft ihre andere Seite hervor, nämlich das System des Verhaltens, das uns korrekt erscheint, eben weil es von jenen Ideen inspiriert wird. Daher ist die Kultur von Gemüt und Charakter gewissermaßen die Bremsvorrichtung, die dem Individuum bei seinem Verhalten eine relative Sicherheit verleiht.

---

[1]) Zu dem Begriff „Höhe der Zeit" sei auf mein Buch „Der Aufstand der Massen" verwiesen.

Im Vergleich mit der mittelalterlichen Hochschule hat die heutige Universität die von jener nur im Keim vermittelte Berufsausbildung ungeheuer kompliziert und ihr zudem noch die Forschung beigesellt, dafür aber den Unterricht in der Kultur fast vollständig aufgegeben.

Das war eine Untat. Die verhängnisvollen Folgen hat Europa heute zu tragen. Der katastrophale Charakter der gegenwärtigen Situation in Europa ist dem Umstand zuzuschreiben, daß in England, Frankreich und Deutschland der Durchschnittsmensch *unkultiviert* ist, daß er nicht das seiner Zeit entsprechende vitale Vorstellungssystem von Welt und Mensch besitzt. Dieser Durchschnittsmensch ist der neue Barbar, rückständig, was seine Epoche anbelangt, archaisch und primitiv im Verhältnis zur brennenden Gegenwärtigkeit ihrer Probleme[1]). Dieser neue Barbar ist in der Hauptsache der Fachmann – der Ingenieur, der Arzt, der Anwalt, der Wissenschaftler – gelehrter denn je, aber auch ungebildeter.

An dieser unverhofften Barbarei, diesem essenziellen und tragischen Anachronismus, tragen vor allem die anspruchsvollen Universitäten des XIX. Jahrhunderts, die Hochschulen aller Länder, die Schuld, und wenn diese Barbarei sie in der Wut einer Revolution dem Erdboden gleichmachte, dürften sie sich nicht

---

[1]) Im vorerwähnten Buch werden diese ernsten Tatsachen einer eingehenden Analyse unterzogen.

darüber beklagen. Bei gründlicher Überlegung kommt man zu dem Schluß, daß ihre Schuld nicht einmal durch die ihnen tatsächlich zu verdankende geniale Entwicklung der Wissenschaft aufgewogen wird. Die Wissenschaft ist das größte Wunder des Menschen, aber über diesem Wunder steht immer noch das Leben, das sie ja erst ermöglicht. Daher kann ein Verbrechen gegen die elementarsten Bedingungen des Lebens nicht durch die Wissenschaft kompensiert werden.

Das Übel sitzt so tief und ist so ernster Natur, daß mich die eurer Generation vorangegangene Generation gar nicht verstehen wird.

Im Buch eines chinesischen Weisen aus dem IV. Jahrhundert v. Chr. läßt Tschuang Tse unter anderen symbolischen Gestalten den Gott des Nordmeeres auftreten und sagen: „Wie könnte ich mit dem Frosch, der nie seinen Tümpel verließ, vom Meere reden? Wie mit dem Zugvogel vom Eis? Wie mit dem in seine Doktrin verbohrten Weisen vom Leben?"

*

Die Gesellschaft braucht gute Fachleute – Richter, Ärzte, Ingenieure. Dafür ist die Universität mit ihrem Fachunterricht da. Aber zuvor und noch notwendiger muß sie den Nachweis für ihre Befähigung auf einem anderen Professionsgebiet erbringen, sie muß beweisen, daß sie befehlen kann. In jeder Gesellschaft ist einer da, der befiehlt. Es kann auch eine Gruppe sein oder eine ganze Schicht. Unter Befehlen verstehe ich nicht so sehr die Ausübung einer Autorität im juristischen Sinne als vielmehr Druck und Einfluß auf die Gesellschaft. Heute befehlen in der europäischen Gesellschaft noch die bürgerlichen Schichten, die in ihrer Mehrheit aus Leuten bestehen, die eine Profession ausüben. Es ist daher von großer Wichtigkeit, daß viele dieser Fachleute neben ihrer eigentlichen Profession die Befähigung erhalten, so zu leben und ihren vitalen Einfluß, der Höhe ihrer Zeit entsprechend, zu gebrauchen. Dazu ist es unerläßlich, an der Universität neuerdings den Unterricht der Kultur oder des Systems lebendiger Vorstellungen einzuführen, wie es eben die Zeit besitzt. Das ist die Kardinalaufgabe der Universität. Diese muß sie vor allem und mehr als irgendeine andere erfüllen.

Wenn morgen die Arbeiter das Kommando übernehmen, ändert sich darin gar nichts. Sie müssen, um zu befehlen, auf der Höhe ihrer Zeit stehen, sonst werden sie verdrängt[1]).

Wenn man bedenkt, daß man sich in den europäischen Ländern dazu hergegeben hat, Leuten die professionelle Befähigung zu bescheinigen, einem Arzt, einem

[1]) Da sie heute tatsächlich bereits befehlen und das Bürgertum kommandieren, muß auch der Universitätsunterricht auf sie ausgedehnt werden.

Verwaltungsbeamten, ohne auch nur entfernt zu ahnen, ob der Betreffende eine klare Vorstellung vom heutigen physikalischen Weltbild und vom Charakter und den Grenzen der großartigen Wissenschaft besitzt, durch die man zu diesen Erkenntnissen gelangt ist – dann darf man sich nicht wundern, wenn in Europa die Dinge so schiefgehen. Diese Dinge sind so ernst, daß man Euphemismen beiseite lassen muß. Ich wiederhole, es handelt sich hier nicht um müßige Wünsche einer entbehrlichen Kultur. Physik und physikalisches Denken sind ein Teil des großen inneren Getriebes der Seele des zeitgenössischen Menschen. In der Physik strömt die intellektuelle Schulung von vier Jahrhunderten zusammen, und in ihrer Doktrin begegnen sich alle übrigen für den maßgebenden Menschen wesentlichen Dinge: seine Vorstellung von Gott und der Gesellschaft, von den Dingen, die Materie und die nicht Materie sind. Wenn ein Hirte im Gebirge oder ein seiner Scholle verhafteter Bauernknecht oder ein an seine Maschine gefesselter Arbeiter davon nichts weiß, ist es keine Schande und auch kein Mangel. Aber wenn der Herr, der sich Arzt, Beamter, General, Philologe oder Bischof nennt, also ein Mann der führenden Gesellschaftsschicht, nicht weiß, was der physikalische Kosmos heute für den europäischen Menschen bedeutet, dann ist er ein ausgesprochener Barbar, selbst wenn er in seinen Paragraphen, seinen Mixturen, seinen Kirchenvätern noch so gut Bescheid wüßte. Dasselbe gilt von jenen Menschen, die keine auch nur halbwegs geordnete Vorstellung von den großen Wendungen in der Geschichte haben, die die Menschheit an jenen Kreuzweg führten, vor dem sie heute steht. (Heute ist übrigens alles ein Kreuzweg.) Nicht anders verhält es sich mit jenen, die keine klare Vorstellung davon haben, wie das philosophische Denken seinen unablässigen Versuch, sich vom Universum einen Plan zurechtzulegen, der Gegenwart gegenüberstellt, oder von der Deutung, die die allgemeine Biologie den fundamentalen Tatsachen des organischen Lebens gibt.

Man lasse sich darin nicht durch die dabei auftauchende Frage beirren, wieso ein Rechtsanwalt ohne höhere Ausbildung in der Mathematik den Gedanken von der heutigen Physik begreifen könne. Das werden wir in der Folge sehen. Für den Moment handelt es sich darum, sich mit geistiger Aufgeschlossenheit der Helle zuzuwenden, die diese Beobachtung ausstrahlt. Wer die physikalische Vorstellung (nicht die Kenntnis der Physik selbst, sondern nur die Idee von der Welt), die historische und biologische Vorstellung, diesen philosophischen Plan nicht besitzt, der ist kein *gebildeter* Mensch. Ohne eine ungewöhnlich große intuitive Begabung kann ein solcher Mensch nur mit geringer Wahrscheinlichkeit ein guter Arzt, ein guter Richter oder ein guter Techniker sein. Sicher aber ist, daß er sich in allen übrigen Betätigungen seines Lebens als unzulänglich erweisen wird, sowie er aus seinen strikten Berufsfunktionen heraustritt. Seine politischen Vorstellungen und sein Gebaren auf diesem Gebiet werden untauglich sein; sich in der Liebe, schon in der Wahl seines Frauentyps, unzeitgemäß und lächerlich erweisen. In seinen Familienkreis wird er etwas Zeitfremdes, Manisches, Unglückliches tragen, das seine Kinder auf immer vergiftet, und am Stammtisch ungeheuerliche Ansichten und einen wahren Wasserfall von Gemeinplätzen verzapfen.

Es gibt keinen Ausweg. Um sich im Gestrüpp des Lebens mit Sicherheit zu bewegen, muß man gebildet sein, man muß die Topographie des Lebens, seine Pfade oder „Methoden" kennen, das heißt, man muß eine Vorstellung vom Raum und von der Zeit haben, in der man lebt, mit einem Wort, die Kultur der Zeit besitzen. Mit dieser Kultur aber ist es so: entweder erhält man sie oder man erfindet sie sich. Wer kühn genug ist, sie sich zu erfinden, der könnte als einziger für sich das Recht beanspruchen, der Universität die Notwendigkeit abzusprechen, vor allem anderen die Kultur zu lehren. Leider wäre dieser einzige, der sich unter entsprechender Begründung meiner These widersetzte – ein Irrsinniger.

Es war dem Anfang des XX. Jahrhunderts vorbehalten, uns das unglaubliche Schauspiel der ganz besonderen Brutalität und aggressiven Dummheit jenes Menschen zu bieten, der zwar in seinem Fach vieles weiß, aber in allen anderen Dingen ein Ignorant ist[1]). Der nicht entsprechend kompensierte Professionalismus und die Spezialisierung haben den Menschen so zergliedert, daß er nirgends dort zu finden ist, wo er zu sein vorgibt und auch wirklich sein müßte. Im Ingenieur findet sich die Ingenieurwissenschaft. Sie ist aber nur ein Stück und nur eine Dimension des europäischen Menschen, der als *integrum* nicht im Fragment „Ingenieur" vorhanden ist. Und so geht es in allen Fällen. In dem angeblich barocken und übertriebenen Ausdruck „Europa ist zerstückelt" schlummert eine tiefere Wahrheit, als man ahnt. Die heute sichtbar werdende Zerbröckelung Europas ist nichts als das Ergebnis der unsichtbaren Fragmentierung, die der europäische Mensch nach und nach durchmacht[2]).

Die große unmittelbare Aufgabe hat etwas von einem Puzzle-Spiel. Aus den herumliegenden Steinchen – disiecta membra – soll die vitale Einheit des europäischen Menschen rekonstruiert werden. Es muß gelingen, daß jedes Individuum – aber seien wir nicht utopisch –, daß genügend zahlreiche Individuen, je-

---

[1]) Siehe in meinem Buch „Der Aufstand der Massen" das Kapitel „Die Barbarei des Spezialistentums".

[2]) Es handelt sich dabei um eine so erwiesene Tatsache, daß man sie nicht nur in ihrer Gesamtheit und so aufs Geratewohl behaupten, sondern die fortschreitende Fragmentierung in ihren einzelnen Etappen in den drei Generationen des vergangenen und anfangs des XX. Jahrhunderts, selbst in ihrer Art des Fortschreitens, genau bestimmen kann.

des für sich, ein ganzer Mensch wird. Wie soll das ohne die Universität erreicht werden?

Zu den Aufgaben, die die Universität angeblich heute erfüllt, muß diese neue unerläßliche Riesenarbeit treten.

Außerhalb Spaniens wird bereits mit großem Elan eine Bewegung angekündigt, die den Zweck verfolgt, an den Hochschulen *vor allem anderen* die Kultur zu lehren und der jungen Generation zu jenem System von Vorstellungen über Welt und Mensch zu verhelfen, das in der vorhergegangenen Generation zur Reife kam.

Der Hochschulunterricht wäre daher, unserer Ansicht nach, mit den drei Funktionen vollständig:

I. Übermittlung der Kultur,

II. Berufsausbildung,

III. Wissenschaftliche Forschung und Heranbildung des wissenschaftlichen Nachwuchses.

Wäre damit die Frage nach der Mission der Universität erschöpfend beantwortet?

Keineswegs. Damit haben wir nur all das, was die heutige Universität tun zu müssen glaubt, und etwas von dem, was sie unserer Meinung nach nicht tut, aber unbedingt tun müßte, zu einem organischen Berg zusammengetragen. Die Frage ist damit nur vorbereitet. Das ist alles.

Die vor einigen Jahren zwischen dem Philosophen Scheler und dem Minister Becker stattgehabte Diskussion, ob diese Funktionen nur einer oder mehreren Institutionen zugehören sollten, erscheint mir müßig, mindestens nebensächlich. Müßig, weil sie letzten Endes ja doch alle im Studierenden zusammenkommen, alle über seiner Jugend gravitieren werden.

Die Frage ist eine ganz andere. Auch wenn sich der Unterrichtsstoff, wie bisher, auf Berufsausbildung und Forschung beschränkt, ist er immer noch eine ungeheure Masse, die auch nur annähernd zu bewältigen dem Durchschnittsstudenten unmöglich ist. Er kann einfach nicht in Wirklichkeit alles das in sich aufnehmen, was ihn die Universität zu lehren *vorgibt*. Die Institutionen sind nun einmal vorhanden – sie sind notwendig und sinnvoll – weil es den Durchschnittsstudenten gibt. Gäbe es nur Ausnahmegeschöpfe, hätten wir vermutlich überhaupt keine Institutionen nötig, weder pädagogische noch solche der Staatsgewalt[1]). Jede Institution muß daher auf Durchschnittsbegabung zugeschnitten sein, denn für die ist sie geschaffen, die muß ihr Maßstab sein.

Stellen wir uns einmal vor, in der heutigen Universität gäbe es nichts, was die Bezeichnung Mißbrauch verdiente. Alles ginge so, wie es in der Universität gehen müßte. Aber sogar dann ist die jetzige Univer-

[1]) Der Anarchismus ist logisch, wofern er die Nutzlosigkeit und folglich Schädlichkeit jeder Einrichtung verteidigt, denn er geht von der Voraussetzung aus, daß jeder Mensch *a nativitate* ein Ausnahmemensch sei, nämlich gut, klug, intelligent und gerecht.

sität, meiner Ansicht nach, ein Mißbrauch, ein rein konstitutioneller Mißbrauch, weil sie eine Fälschung ist.
Der Durchschnittsstudent kann nämlich auf diese Weise unmöglich lernen, was man ihn zu lehren vorgibt. Man hat im Universitätsleben dieses Versagen als konstitutiv hingenommen, besser gesagt, man hat sich daran gewöhnt, schon von vorhinein das nicht als realisierbar anzusehen, was die Universität zu sein behauptet. Man akzeptierte also die Fälschung des eigenen institutionellen Lebens. Man machte aus der Fälschung das Wesen, die Essenz dieser Institutionen. Das ist, wie immer im Leben, ob nun individuell oder kollektiv, die Wurzel alles Übels. Die Erbsünde ist, nicht wirklich das zu sein, was man ist. Wir können irgend etwas zu sein *vorgeben*, aber zu heucheln, das zu sein, was wir nicht sind, in den Selbstbetrug einzuwilligen, uns an die substantielle Lüge zu gewöhnen, das ist nicht erlaubt. Wenn die normale Lebensordnung bei Menschen oder Einrichtungen fiktiv ist, wird sie zum Nährboden einer allgemeinen Demoralisierung. Schließlich kommt es dann zur Erniedrigung, denn es ist unmöglich, sich der Fälschung seiner selbst so anzupassen, daß man die Selbstachtung behielte.
Daher sagt Leonardo: „Wer nicht kann, was er will, der wolle, was er kann."
Dieser Imperativ Leonardos soll jeder Universitätsreform als Leitsatz dienen. Nur durch den leidenschaftlichen Entschluß das zu sein, was man in seinen

strikten Grenzen ist, kann etwas geschaffen werden. Nicht nur das Universitätsleben, sondern das *gesamte neue Leben muß aus dem Stoff gemacht sein, dessen Name Echtheit ist.*

Eine Institution, in der man zu geben und zu fordern heuchelt, was weder gegeben noch gefordert werden kann, ist eine falsche, demoralisierte Institution. Und doch inspiriert dieses Fiktionsprinzip Pläne und Struktur der heutigen Universität.

Ich meine daher, daß die ganze Universität umgemodelt oder, was dasselbe ist, gründlich reformiert werden muß, und zwar vom entgegengesetzten Prinzip aus. Anstatt zu lehren, was man, einem utopischen Wunsche gehorchend, lehren *sollte,* müßte man nur lehren, was gelehrt und gelernt werden *kann.*

Ich will versuchen, alle inneren Widersprüche dieser Formel zu klären.

In Wirklichkeit handelt es sich um ein weit umfangreicheres Problem als das des Hochschulunterrichts. Es geht um die Grundfrage des Unterrichts aller Stufen überhaupt.

Welches war der große Schritt in der Geschichte der Pädagogik? Zweifellos der von Rousseau, Pestalozzi, Fröbel und dem deutschen Idealismus inspirierte geniale Umschwung, der in der Radikalisierung einer Binsenwahrheit bestand. Im Unterricht – mehr aber noch in der Erziehung – gibt es drei Hauptfaktoren: den Unterrichtsstoff – oder das Wissen –, den Lehrer oder den Unterrichtenden, und den, der lernt, den Schüler. Der Unterricht ging jedoch in unbegreiflicher Verblendung vom Wissen und vom Lehrer aus. Der Schüler war überhaupt kein Prinzip der Pädagogik. Rousseaus und seiner Nachfolger Neuerung bestand ganz einfach darin, die Grundlage der pädagogischen Wissenschaft vom Wissen und vom Lehrer auf den Schüler zu verlagern und einzusehen, daß der Schüler und seine besondere Beschaffenheit das einzige sind, was uns bei unserem Vorhaben, den Unterricht zu einem Organismus zu machen, leiten darf. Die wissenschaftliche Betätigung hingegen hat ihre eigene Organisation. Sie ist von jener anderen, in der man das Wissen zu lehren vorgibt, verschieden. Das Prinzip der Pädagogik ist nicht dasselbe wie das Prinzip der Kultur und der Wissenschaft.

Gehen wir einen Schritt weiter. Anstatt sich in das kleinliche Studium des Schülers in seinen Bedingungen als Kind, Jüngling etc. zu verlieren, muß man *zunächst* das Thema scharf abgrenzen und das Kind, den Jüngling von einem zwar bescheideneren, aber treffenderen Gesichtspunkt aus betrachten, nämlich als Schüler, als Lernenden. Dann wird uns das Verständnis dafür aufgehen, daß uns weder das Kind als solches noch der Jüngling als solcher zur Ausübung jener spezifischen Tätigkeit veranlassen, die wir „unterrichten" nennen, sondern etwas ganz Formales, Einfaches. – Sie werden ja sehen.

II

DAS ÖKONOMISCHE PRINZIP IM UNTERRICHT

Die Wissenschaft der Nationalökonomie ist aus dem Krieg genau so zerschunden hervorgegangen wie die Wirtschaft der kriegführenden Nationen. Sie mußte sich daran machen, ihren eigenen Körper gründlich neu aufzubauen. Solche Abenteuer pflegen sich auf die lebenden Wissenschaften segensreich auszuwirken, weil sie sich genötigt sehen, einen festeren Sitz als den bis dahin innegehabten zu suchen und nach einem tieferen und elementareren Prinzip Ausschau zu halten. So war es auch hier. Dank einer solchen Selbstverständlichkeit, daß man sich schämt, sie auszusprechen, stieg die Volkswirtschaft in jenen Jahren aus der Asche. Man sagt, die *Wissenschaft* von der Wirtschaft habe vom Prinzip selber auszugehen, das durch die wirtschaftliche *Betätigung* des Menschen erzeugt wird. Warum kommt es dazu, daß die Menschheit wirtschaftet, produziert, verwaltet, Währungen schafft, spart, Werte bestimmt etc.? Die Erklärung ist verblüffend einfach. Weil nämlich zahlreiche Dinge, die die Menschheit braucht, nicht in

absolutem Überfluß vorhanden sind. Gäbe es alles, was wir brauchen, in genügender Menge, fiele es dem Menschen nicht im Traume ein, sich mit der Wirtschaft zu plagen. Die Luft z. B. wird nicht bewirtschaftet. Würde jedoch dieser Artikel eines Tages knapp, wären wir flugs mit der Wirtschaft bei der Hand. Es ist wie mit einem Schulzimmer, in dem zu viele Kinder sitzen, die eine bestimmte Quantität Luft brauchen. Ist der Raum zu klein, wird die Luft knapp, und schon haben wir es mit dem Wirtschaftsproblem zu tun, eine größere und logischerweise teurere Schule zu bauen.
Es gibt zwar auf unserem Planeten genügend Luft, aber sie ist nicht überall von gleicher Qualität. „Reine Luft" gibt es nur an bestimmten Orten, in einer gewissen Höhe über dem Meeresspiegel, in einem besonderen Klima. Die „gute Luft" ist also selten. Diese simple Tatsache hat das dortige Wirtschaftsleben intensiv angeregt (Hotels, Sanatorien etc.). Man fabriziert aus dem knappen Rohstoff der Luft zu bestimmten Tarifen den Artikel Gesundheit.
Verblüffend einfach und nicht abzustreiten. Knappheit ist die Voraussetzung für Bewirtschaftung. Daher nahm auch vor einigen Jahren der Schwede Cassel das *Mangelprinzip* zum Ausgang seiner Wirtschaftsreform[1]). „Wenn wir das Perpetuum mobile hätten,

[1]) Gustav Cassel, „Theoretische Sozialökonomie", 1921, S. 3 und weitere. Es ist zum Teil eine Rückkehr zu gewissen Positionen der klassischen Ökonomie gegenüber der Wirtschaft der letzten sechzig Jahre.

gäbe es keine Physik", hat Einstein oft gesagt. Im Schlaraffenland ist die Bewirtschaftung entbehrlich. Daher gibt es dort auch keine Volkswirtschaft.

Mit dem Unterricht ist es nicht viel anders. Warum lehrt man eigentlich überhaupt? Warum beschäftigt sich der Mensch mit Pädagogik? Warum ist sie ihm geradezu ein Anliegen? Auf solche Fragen geben die Romantiker die lichtvollste, ergreifendste und übersteigertste Antwort, in der sich zum Menschlichen viel Göttliches gesellt. Für sie hat es sich immer darum gehandelt, die Dinge aus ihren Angeln zu heben und melodramatisch aufzuputzen. Wir jedoch gefallen uns darin, die Dinge zunächst das sein zu lassen, was sie sind; wir lieben ihre Blöße. Was liegt uns an Kälte und Unwetter! Wir wissen ja, daß das Leben hart ist, und hadern nicht mit dem Schicksal. Sogar in seiner Härte finden wir das Leben noch prächtig. Ja, erst recht, denn dann hat es Muskeln und Sehnen, vor allem aber ist es sauber. Wir lieben im Verkehr mit den Dingen die Sauberkeit. Darum entblößen wir sie ja auch, um sie zu sehen, wie sie sind, *in puris naturalibus*.

Der Unterricht ist für den Menschen aus einem ebenso einfachen wie bedauerlichen Grund eine Beschäftigung und ein Anliegen. Man muß eine Menge wissen, um in Sicherheit, Bequemlichkeit und Korrektheit zu leben. Kind und Jüngling haben aber nur eine begrenzte Fähigkeit, zu lernen. Das ist der Grund.

Wären der Kindheit und der Jugendzeit je hundert Jahre zugemessen, oder Gedächtnis, Intelligenz und Aufmerksamkeit in praktisch unbegrenztem Maße verliehen, gäbe es keine Lehrtätigkeit. Alles andere hätte nicht ausgereicht, den Menschen zu veranlassen, den Typ der menschlichen Existenz zu schaffen, den man „Lehrer" nennt.

Knappheit, begrenzte Lernfähigkeit – das ist das Prinzip des Unterrichts. Gelehrt muß in dem gleichen Verhältnis werden, in dem es dem Menschen zu lernen versagt ist. Ist es nicht auffallend, daß just um die Mitte des XVIII. Jahrhunderts die pädagogische Tätigkeit in geradezu eruptiver Weise einsetzte? Warum nicht vorher? Die Erklärung liegt auf der Hand. Zu jener Zeit begann die erste große Ernte der modernen Kultur ihre Frucht zu tragen. Der Schatz des menschlichen Wissens vermehrte sich in ganz kurzer Zeit in gigantischer Weise. Das Leben, das sich in seiner ganzen Fülle dem durch die jüngsten Erfindungen ermöglichten Kapitalismus zuwandte, erreichte eine Kompliziertheit, die ein wachsendes Arsenal technischer Hilfsmittel erforderlich macht. Man mußte viele Dinge lernen, deren Menge die natürliche Aufnahmefähigkeit überstieg, und daher intensivierte und erweiterte sich auch sofort die pädagogische Tätigkeit, der Unterricht.

In primitiven Zeiten gab es fast keine Lehrtätigkeit. Wozu auch? Es war ja kaum etwas zu lehren, und so überstieg das Fassungsvermögen weit den zu assimilierenden Stoff. Kapazität im Überfluß! Man besaß nur wenige *Kenntnisse,* gewisse magische oder rituelle Rezepte zur Herstellung bestimmter Geräte – z. B. Kanus – oder zur Heilung von Krankheiten und zur Austreibung der Dämonen. Das war alles. Das ließ sich natürlich ohne allzu große Anstrengung lernen. Nun aber zeigt sich ein überraschendes Symptom, das auf unerwartete Weise meine These bestätigt. Bei den primitiven Völkern erscheint der Unterricht unter einem umgekehrten Aspekt. Die Unterrichtsfunktion besteht nämlich bei ihnen nicht im Unterrichten, sondern im Verheimlichen. Die Rezepte werden wie ein Geheimnis gehütet und nur an einige Erwählte wie ein Arkanum weitergegeben. Daher die universelle Gepflogenheit technischer Geheimriten.

Sie erhält sich so zäh, daß sie sich auf jeder Kulturhöhe immer dann zeigt, wenn eine neue, allen bekannten Arten qualitativ überlegene Wissensgattung auftaucht. Da es von einem solchen Wissen anfänglich immer nur wenig gibt – es ist ja erst im Ankeimen –, wird es nur im geheimen gelehrt. So war es mit der exakten Philosophie des Pythagoras, so mit der begrifflichen Klarheit von Platos Pädagogik. Haben wir nicht seinen berühmten VII. Brief, der nur entstand, um sich gegen die Anklage zu wehren, daß er seine Philosophie Dionysius von

Syrakus gelehrt habe? Als ob das ein Verbrechen gewesen wäre! Jeder urzuständliche Unterricht, in dem es wenig zu lehren gibt, ist esoterisch, okkult. Das Gegenteil von Unterricht.

Er tritt erst zutage, wenn das Wissen, das erworben werden muß, mit der Begrenztheit des Aufnahmevermögens in Konflikt gerät. Mehr denn je droht heute der exzessive Reichtum an kulturellem und technischem Wissen für die Menschheit zur Katastrophe zu werden, denn von einer Generation zur andern wird es schwerer, diesen Reichtum zu absorbieren.

Der Unterricht, seine Methoden und Institutionen müssen daher zur Wissenschaft erhoben werden. Man gehe dabei von dem einfachen Prinzip aus, daß Kind und Jüngling Schüler, Lehrlinge sind. Damit soll ausgedrückt werden, daß der Schüler nicht alles lernen kann, was man ihn lehren sollte. *Das ökonomische Prinzip im Unterricht.*

In der praktischen Pädagogik hat sich diese Erkenntnis begreiflicherweise immer ausgewirkt, aber auch nur unter dem Druck der Dinge und immer erst nachträglich. Niemals hat man sie zum Prinzip gemacht, vielleicht, weil sie auf den ersten Blick nicht melodramatisch genug war, nicht von komplizierten und transzendenten Dingen sprach.

Die Universität ist heute – mehr außer- als innerhalb Spaniens – ein tropischer Urwald, in dem die Unterrichtsfächer nur so wuchern. Kommt dann noch dazu, was uns zu Beginn unserer Betrachtung unerläßlich schien – der Kulturunterricht –, dann wird sich der Wald über den ganzen Horizont der Jugend ausdehnen, der doch licht und offen sein soll, um die Brände, die zu Extremen aufreizen, von weitem erkennen zu lassen. Man muß gegen diese Maßlosigkeit auftreten und das ökonomische Prinzip vor allem als Schnittmesser walten lassen. Die erste Forderung lautet: erbarmungsloses Zustutzen.

Aber das ökonomische Prinzip hält uns nicht nur zur Einsparung in der Zahl der Lehrfächer an, es lehrt uns auch, daß man bei der Organisierung des höheren Unterrichts, beim Aufbau der Universität, weder vom Wissen noch vom Professor ausgehen soll, *sondern vom Studenten.* Die Universität hat die institutionelle Projektion des Studenten zu sein, dessen zwei wesentliche Dimensionen sind: Die eine, das, was er ist: knappes Aufnahmevermögen; die andere: das, was er zum Leben wissen muß.

Man muß vom Durchschnittsstudenten ausgehen und *nur* jene Unterrichtsmasse als Torso und Urbild, als Kern der Universität betrachten, die als Äußerstes von ihm verlangt werden kann, in anderen Worten, die Fächer, die ein guter Durchschnitt wirklich zu bewältigen vermag. Das ist die Universität in ihrem genauesten Sinn und Urzweck. Was die Universität *sonst noch* sein muß, werden wir nebst einigen weiteren Dingen im Verlauf dieser Abhandlung sehen. Für den Moment handelt es sich darum, die verschiedenen Organe und Funktionen der großen Institution der Hochschule energisch auseinanderzuhalten.

Wie aber soll man den Unterrichtsstoff, den Torso oder das Minimum der Universität, bestimmen? Man unterziehe die ungeheure Wissensmasse einer doppelten Siebung.

1. Man belasse nur jene Wissenszweige, die der Mensch, der heutige Student, genau genommen, zum Leben braucht. Das reale Leben und seine gebieterischen Forderungen seien der Gesichtspunkt, von dem aus die erste Zustutzung vorgenommen werden muß.

2. Was dann als unerläßliche Notwendigkeit zurückbleibt, muß noch einmal reduziert werden, und zwar im Hinblick auf die Quantität, die der Student dann auch wirklich und in ihrer ganzen Fülle aufnehmen kann.

Die Notwendigkeit allein ist nicht entscheidend. Möglicherweise übersteigt etwas, bei aller Notwendigkeit, praktisch das Vermögen des Studenten. Es wäre utopisch, sich darüber aufzuregen. In diesem Punkt muß erbarmungslos zugegriffen werden.

III

WAS DIE UNIVERSITÄT IN „ERSTER LINIE“ SEIN MUSS. DIE UNIVERSITÄT, BERUFSAUSBILDUNG UND WISSENSCHAFT

Bei Anwendung dieser Prinzipien sehen wir uns folgenden Themen gegenüber:

a) Die Universität besteht *erstens und zunächst* im höheren Unterricht, den der Durchschnittsmensch erhalten soll.

b) Der Durchschnittsmensch muß vor allem gebildet, auf die Höhe seiner Zeit gebracht werden. Daher ist die *erste* und *zentralste* Funktion der Universität die Belehrung in den großen Kulturdisziplinen:

1. Physikalisches Weltbild (Physik)
2. Die Grundthemen des organischen Lebens (Biologie)
3. Der historische Prozeß der Menschheit (Geschichte)
4. Struktur und Funktion des sozialen Lebens (Soziologie)
5. Plan des Universums (Philosophie).

c) Der Durchschnittsmensch muß eine gute Berufsausbildung bekommen. Neben der Kultur wird ihn die Universität durch im intellektuellen Sinn nüchternste, direkteste und wirksamste Methoden lehren, ein guter Arzt, ein guter Richter, ein guter Mittelschulprofessor der Mathematik oder der Geschichte zu sein. Aber das Spezifische der Berufsausbildung wird uns erst bei näherer Erörterung des Themas klarwerden.

D) Es ist kein fundierter Grund einzusehen, weshalb der Durchschnittsmensch Wissenschaftler zu sein braucht oder sein soll. Skandalöse Folgerung: Die Wissenschaft im eigentlichen Sinn, d. h. die wissenschaftliche Forschung, gehört nicht unmittelbar und konstitutiv zu den Hauptfunktionen der Universität, noch hat sie unter *allen Umständen* mit ihr zu tun. Inwiefern die Universität aber trotzdem nicht von der Wissenschaft getrennt werden kann und *auch* oder *außerdem* wissenschaftliche Forschung sein muß, werden wir später sehen.

Wahrscheinlich wird sich über diese heterodoxe Ansicht ein wahrer Platzregen von Albernheiten ergießen, wie er ja stets bereit ist, vom regenträchtigen Himmel auf jedes Thema herunterzuprasseln. Natürlich lassen sich gegen meine These Einwände erheben, aber bevor sich diese zum Wort melden, bricht der übliche Vulkan der Gemeinplätze aus, zu dem jeder Mensch wird, sobald er von einer Sache redet, über die er noch gar nicht nachgedacht hat.

Dieses Universitätsprojekt erwartet vom Leser den wohlwollenden Vorsatz, drei grundverschiedene

Dinge nicht zu verwechseln: Kultur, Wissenschaft und intellektuellen Beruf. Hüten wir uns, alle Katzen grau zu sehen, denn dadurch würden wir das Gelüst verraten, die Dinge zu verschleiern.

Trennen wir also vor allem Beruf und Wissenschaft. Wissenschaft ist durchaus nicht alles. Es ist noch lange nicht Wissenschaft, wenn sich jemand ein Mikroskop kauft oder ein Laboratorium säubert. Aber auch das nicht, wenn jemand den Gehalt einer Wissenschaft erläutert oder lernt. Wissenschaft ist in ihrem eigenen, wahren Sinn nur Forschen, sich ein Problem stellen, an der Lösung arbeiten, die Lösung finden. Alles, was dann aus dieser Lösung gemacht wird, ist schon nicht mehr Wissenschaft[1]). *Deshalb ist es nicht Wissenschaft, eine Wissenschaft zu erlernen oder zu lehren,* sie zu gebrauchen oder sie anzuwenden. Vielleicht wäre es angebracht – mit welchen Vorbehalten werden wir sehen –, wenn der mit dem Lehren einer Wissenschaft beauftragte Mann selbst Wissenschaftler wäre. Strenggenommen ist es nicht nötig, und es gibt Fälle, in denen hervorragende Lehrer der Wissenschaft keineswegs Forscher, also Wissenschaftler, waren und sind. Es genügt, wenn sie die Wissenschaft *kennen.* Aber Kennen und Wissen ist noch nicht Forschen. Forschen ist die Entdeckung

---

[1]) Ausgenommen, man wollte sie wieder in Frage ziehen, neuerdings zum Problem machen (kritisieren) und damit den ganzen, in der Forschung bestehenden Prozeß wiederholen.

einer Wahrheit oder – umgekehrt – die Nachweisung eines Irrtums. Wissen, Kennen ist nur die gründliche Kenntnis einer Wahrheit, die man sich verschafft hat, sobald sie erkannt worden war.

Als es in Griechenland in den Anfängen der Wissenschaft noch keine fertige Wissenschaft gab, lief man nicht Gefahr, sie wie heute mit etwas zu verwechseln, was sie nicht ist. Allein schon die Worte, mit denen man sie bezeichnete, zeigten, was sie an Suchen, schöpferischer Arbeit, Forschung enthielten. Sogar der Zeitgenosse des Plato und selbst des Aristoteles verfügte noch nicht über eine Bezeichnung, die genau unserem Wort Wissenschaft – einschließlich seiner äquivoken Werte – entsprach. Man sprach von „Historia", „Exetaxis", „Philosophia", die mehr oder minder Beschäftigung, Ausübung, Erforschung, Tendenz, aber nicht Besitz bedeuten. Schon der Name „Philo-sophia" hat seinen Ursprung im Bestreben, die übliche Weisheit nicht mit jener neuen Betätigungsart zu verwechseln, die nicht im „Wissendsein", sondern im „Suchen eines Wissens"[1]) bestand.

Die Wissenschaft ist eine der erhabensten Leistungen des Menschen. Sie ist natürlich höher als die Universität, die ja nur *lehrende* Institution ist. Die Wissen-

---

[1]) Die Vokabel *episteme* entspricht mehr der Gesamtheit der Bedeutungen, die in uns das Wort *Kenntnis* aufrührt. Über das durch die Neuheit der Bezeichnung Philosophie *(filosofia)* erregte Erstaunen lese man, was Cicero in *Tusculanae disputationes*, V, 3 darüber sagt.

schaft ist Schöpfung, während sich die pädagogische Betätigung nur damit befaßt, diese Schöpfung zu lehren, zu injizieren und zu verdauen. Die Wissenschaft ist so erhaben, daß sie in ihrem diffizilen Wesen den Durchschnittsmenschen – nolens volens – ablehnt. Sie stellt eine höchst eigenartige und bei der Menschheit unendlich seltene Berufung dar. Der Wissenschaftler ist zum modernen Mönch geworden.

Die Behauptung, der normale Student sei Wissenschaftler, ist zunächst eine Anmaßung, ausgebrütet von dem der früheren Generation eigenen Utopismus. Es wäre dies auch gar nicht wünschenswert, auch nicht in ideeller Hinsicht. Wissenschaft ist zwar eines der erhabensten Dinge, aber durchaus nicht das einzige. Es gibt neben ihr noch andere, gleichwertige, und es ist nicht einzusehen, weshalb sie die Menschheit ausfüllen und alle anderen Dinge verdrängen sollte. Zudem ist zu bedenken, daß zwar die Wissenschaft zu den höchsten Dingen gehört, aber nicht der Wissenschaftler. Der Mann der Wissenschaft ist ein begrenzter menschlicher Existenztyp wie jeder andere, vielleicht sogar noch begrenzter als andere. Ich möchte mich jetzt nicht über dieses Thema verbreiten und analysieren, was der Mann der Wissenschaft ist. Es wäre in diesem Zusammenhang nicht opportun und könnte im einzelnen übel ausgelegt werden. Ich beschränke mich daher auf das Wesentliche im Resümé, daß der echte Wissenschaftler bisher mit notorischer Häufigkeit, wenigstens als Mensch, ein Monstrum, ein Besessener, wenn nicht überhaupt ein Wahnsinniger war. An diesem äußerst einseitigen Menschen ist das Wundersame, das Kostbare das, was er absondert, die Perle, nicht die perlenerzeugende Auster. Man soll nicht idealisieren und uns als Ideal hinstellen, alle Menschen zu Wissenschaftlern zu machen, ohne sich über die teils mirakulösen, teils semimorbiden Bedingungen klar zu sein, unter denen der Wissenschaftler zustande kommt.

Berufsausbildung und wissenschaftliche Forschung müssen sowohl bei den Professoren wie bei den Studenten scharf auseinandergehalten werden, wenn nicht, wie es heute vorkommt, eines dem anderen schaden soll. Die Berufsausbildung umfaßt zum großen Teil den systematischen Inhalt vieler Wissenschaften, gewiß, aber hier ist es der *Inhalt*, nicht die Forschung, die darin ihren Endzweck sieht. In allgemeiner These ausgedrückt, ist der normale Student kein Lehrling der Wissenschaft. Der Arzt muß lernen zu heilen und, soweit er Arzt ist, braucht er nur das zu lernen. Er muß dazu zwar das System der *klassischen* Physiologie seiner Zeit kennen, aber er muß und soll sich nicht einbilden, daß er, im Ernst gesprochen, Physiologe sei. Weshalb Unmögliches erstreben? Ich verstehe das nicht. Mich stößt dieser Hang ab, sich Illusionen zu machen.

Die Kraft des Kindes manifestiert sich im Wunsch;

seine Rolle ist die, zu träumen. Die Kraft des Mannes aber zeigt sich im Wollen, in der Erfüllung seiner Aufgabe[1]). Der Imperativ des Handelns, etwas wirklich zu erreichen, zwingt uns zur Begrenzung. Und diese Begrenzung seiner selbst ist die Wahrheit, die Echtheit des Lebens. Daher ist jedes Leben Bestimmung. Wäre unsere Existenz in möglichen Formen und an Dauer unbegrenzt, gäbe es keine Bestimmung. Junge Leute! das wirkliche, echte Leben besteht in der heiteren Hinnahme der unerbittlichen Bestimmung, unserer unabänderlichen Begrenzung. Das ist es, was die Mystiker in profunder Erkenntnis im „Stande der Gnade sein" nannten. Wer sich mit seiner Bestimmung, seiner Begrenztheit abgefunden und sie bejaht hat, der ist unerschütterlich. *Impavidum ferient ruinae!*

Wer sich zum Arzt berufen fühlt und nur zum Arzt, der soll nicht mit der Wissenschaft flirten. Es kommt doch nichts Rechtes dabei heraus. Ein guter Arzt sein, ist viel, ja alles, wenn man ein wirklich guter Arzt ist. Das gleiche gilt vom Geschichtsprofessor an einer Mittelschule. Ist es nicht ein Irrtum, ihm den Kopf zu verdrehen und ihm an der Universität glauben zu machen, er werde Historiker? Mit dem ergebnislosen Studium der zur Historik nötigen Technik, die ein Geschichtsprofessor gar nicht braucht, verliert

---

[1]) Das Wollen unterscheidet sich vom Wunsch dadurch, daß es immer *etwas tun, etwas erreichen* will.

er nur seine Zeit. Es muß ihm ja dann doch wieder alles abgenommen werden, damit er zu einer klargegliederten, einfachen Kenntnis der allgemeinen Geschichte des Menschentums gelangen kann, die zu lehren seine Aufgabe ist[1]).

Die Tendenz, die an der Universität zur Vorherrschaft der „Forschung" führte, war verheerend. Sie war die Ursache, daß das Wichtigste, die Kultur, ausgeschaltet wurde, und ihr ist es auch zuzuschreiben, daß man dem Vorhaben, Fachleute ad hoc heranzubilden, nicht genug Aufmerksamkeit zuwandte. In der medizinischen Fakultät hat man den Ehrgeiz, hyperexakte Physiologie und Chemie zu lehren. Trotzdem beschäftigt man sich vielleicht nirgends auf der Welt ernstlich mit der Frage, was es heißt, heute ein guter Arzt zu sein und wie der vorbildliche Typ des Arztes unserer Zeit sein müßte. Bei der Berufsausbildung, die nach der Kultur das Dringlichste ist, läßt man alle fünfe gerade sein. Der Schaden, den diese Verwirrung mit sich bringt, ist gegenseitig, denn auch die Wissenschaft hat unter dieser utopischen Annäherung der Professionen zu leiden.

Aufgeblasenheit und Mangel an Überlegung haben nicht wenig zu dem Übel der „Wissenschaftlerei", an dem die Universität heute krankt, beigetragen. In

[1]) Natürlich muß man ihn auch lehren, in was die Technik besteht, durch die man zur Geschichte kommt. Damit ist aber keineswegs gesagt, daß man ihn zwingen soll, sich diese Technik auch wirklich anzueignen.

Spanien jedenfalls werden diese zwei bedauerlichen Potenzen zu einem ernstlichen Hindernis. Jeder Stümper, der sich einmal ein halbes Jahr in einem deutschen oder nordamerikanischen Labor oder Seminar herumgetrieben hat, jeder Hohlkopf, dem eine winzige wissenschaftliche Entdeckung gelungen ist, kommt in seine Heimat als „Neureicher" der Wissenschaft, als ein Parvenü der Forschung. Und ohne auch nur eine Viertelstunde über die Mission der Universität nachzudenken, macht er die lächerlichsten, engstirnigsten Reformvorschläge. Dabei ist er unfähig, sein eigenes Fach zu lehren, weil er nicht einmal seine eigene Materie beherrscht.

Vom Baum der Berufsausbildung muß also die Wissenschaft heruntergeschüttelt werden, damit nur mehr das Allernotwendigste daran hängenbleibt und man sich mehr den Berufsfächern widmen kann, deren Pflege heute vollkommen brach liegt. Darin ist noch alles zu tun[1]). Eine ingeniöse pädagogische Rationalisierung würde in kürzester Zeit und mit weniger Kraftaufwand eine zweckmäßigere und abgerundetere Berufsausbildung ermöglichen als bisher.

Aber nun zu einer weiteren Unterscheidung zwischen Wissenschaft und Kultur.

[1]) Die Öffentlichkeit besitzt nicht einmal eine Vorstellung von dem, wie der Prototyp jedes Berufs — Arzt, Richter, Mittelschulprofessor etc. — beschaffen sein muß, und niemand beschäftigt sich damit, sich das ernstlich zu überlegen und festzulegen.

IV

KULTUR UND WISSENSCHAFT

Wenn wir den Sinn der Beziehungen zwischen Profession und Wissenschaft zusammenfassen, stehen wir ein paar klaren Erkenntnissen gegenüber, wie z. B. der, daß die Medizin nicht Wissenschaft ist. Genau besehen ist sie eine Profession, eine praktische Betätigung. Als solche steht sie auf einem von der Wissenschaft verschiedenen Standpunkt. Sie will heilen und der Menschheit die Gesundheit erhalten. Zu diesem Zweck legt sie Hand auf alles, was ihr dazu tauglich erscheint. Sie dringt in die Wissenschaft ein und benützt von ihren Ergebnissen, was sie brauchen kann. Aber den Rest läßt sie liegen. Ganz besonders das, was an der Wissenschaft das Charakteristische ist, die Lust am Problematischen. Schon allein damit wäre der Unterschied zwischen Medizin und Wissenschaft genügend gekennzeichnet. Die Wissenschaft besteht im „Kitzel“, Probleme aufzuwerfen. Je mehr sie von dieser entscheidenden Eigenschaft besitzt, um so reiner erfüllt sie ihre Mission. Die Medizin hingegen macht sich die Lösungen nutzbar, das ist ihre Aufgabe. Sind diese Lösungen wissenschaftlicher

Natur – um so besser. Aber sie müssen es nicht sein. Sie dürfen auch aus tausendjähriger Erfahrung herrühren, aus einer Erfahrung, für die der Wissenschaft noch die Erklärung fehlt, ja, die sie noch gar nicht sanktioniert hat.

In den letzten 50 Jahren hat sich die Medizin von der Wissenschaft hinreißen lassen und, uneingedenk ihrer Mission, ihren professionellen Standpunkt nicht behauptet[1]). Sie hat die Sünde jener ganzen Epoche begangen, ihre Bestimmung nicht hingenommen, auf anderes geschielt und etwas anderes – in diesem Falle reine Wissenschaft – sein wollen.

Seien wir uns also klar: sobald die Wissenschaft in die Profession kommt, muß sie sich, als Wissenschaft, zergliedern, um sich, einem anderen Zentrum und Prinzip entsprechend, als professionelle Technik zu organisieren. Dann kann sie natürlich auch für die Berufsausbildung herangezogen werden.

Ähnlich spielt sich der Vorgang in den Beziehungen zwischen Kultur und Wissenschaft ab. Ihr Unterschied

[1]) Die medizinische Arbeit, wenn sie ihrem Gesichtspunkt des Heilens treu bleibt, wird sich ihrerseits für die Wissenschaft fruchtbarer erweisen. Die zeitgenössische Physiologie nahm (zu Beginn des vergangenen Jahrhunderts) ihren Ausgang nicht von den Wissenschaftlern, sondern von den Ärzten, die, indem sie sich von der im XVIII. Jahrhundert in der Biologie herrschenden Scholastik abwandten (Anatomismus, Systematik etc.), die dringende Forderung ihrer Mission akzeptierten und mit *pragmatischen Heilmethoden* vorgingen. Siehe „Geschichte der biologischen Theorien“, Band II, von Ràdl, ein Buch, das mit der Zeit immer bewunderungswürdiger wird.

dürfte genügend klar sein. Nur möchte ich den Begriff Kultur nicht allein vom Verstand meiner Leser erfaßt sehen, sondern in der ganzen Breite seines Fundaments aufzeigen. Das verlangt freilich vom Leser bei der Lektüre der nachstehenden kurzen Erläuterung eine gewisse Sammlung und die Bereitschaft, sich das Gelesene zu überlegen. Kultur ist das System lebendiger Vorstellungen, wie es die jeweilige Zeit besitzt, besser gesagt, das System der Vorstellungen, *aus dem heraus* die Zeit lebt. Da gibt es kein Ausweichen, der Mensch lebt immer aus bestimmten Vorstellungen heraus, die den Boden bilden, auf den sich seine Existenz stützt. Was ich „lebendige Vorstellungen" oder Vorstellungen, „von denen man lebt", nenne, ist im Grunde das Repertoire unserer *effektiven* Überzeugungen vom Wesen der Welt und der Mitmenschen, von der Hierarchie der Werte von Dingen und Handlungen, dem Grad ihrer Einschätzung.

Es ist uns nicht überlassen, ob wir ein solches Repertoire von Überzeugungen besitzen oder nicht, sondern es handelt sich dabei um eine unvermeidliche, konstitutive Notwendigkeit jedes Menschenlebens, sei es wie es wolle. Die Realität, die wir gewöhnt sind, „Menschenleben" zu nennen, unser Leben, das Leben eines jeden, hat nichts mit der Biologie oder der Wissenschaft von den organischen Körpern zu tun. Die Biologie ist, wie jede andere Wissenschaft, nichts anderes als eine Beschäftigung, der einige Männer ihr

„Leben“ weihen. Der ursprüngliche, der richtigen Bedeutung des Wortes „Leben“ näherkommende Sinn ist also nicht biologisch, sondern biographisch, wie das von jeher in der Volkssprache war. Er bezeichnet die Gesamtheit dessen, was wir tun und was wir sind, die schreckliche Aufgabe – die jeder Mensch für sich selbst und allein zu erfüllen hat –, sich im Universum zu behaupten, mit den Dingen und Wesen der Welt auseinanderzusetzen. „Leben ist, ohne Zweifel, mit der Welt in ein Verhältnis zu kommen, sich ihr zuzuwenden, in ihr zu wirken und sich mit ihr zu beschäftigen“[1]). Würden sich diese Handlungen und dieses unser Tun in uns mechanisch vollziehen, wäre das nicht leben, nicht menschlich leben. Der Automat lebt nicht. Die ernste Seite dieser Sache ist ja gerade, daß uns das Leben nicht fix und fertig gegeben wird, sondern daß wir es – gern oder ungern – in jedem Augenblick neu entscheiden müssen. Jn jedem Moment müssen wir uns schlüssig werden, was wir im nächsten tun, was heißt, daß das Leben für den Menschen ein nicht endendes Problem ist. Um jetzt zu entscheiden, was er im nächsten Augenblick tun und sein wird, muß er, ob er will oder nicht, einen wenn auch noch so einfachen oder kindischen Plan fassen.

[1]) Ich entnehme diesen Satz meinem Essay „Der Staat, die Jugend und der Karneval“, erschienen in „La Nación“, Buenos Aires, im Dezember 1924 und abgedruckt in „El Espectador“, Band III, 1930, unter dem Titel „El origen deportivo del Estado“ (Band II dieser Gesammelten Werke).

Nicht als ob er diesen Plan fassen sollte, sondern das Leben, sei es erhaben oder unbedeutend, vernünftig oder dumm, ist eben nicht anders denkbar, es besteht im wesentlichen darin, daß man nach einem Plan[1]) verfährt. Selbst dann, wenn wir in einer Stunde der Verzweiflung unser Leben aufgeben wollen, handeln wir nach einem Plan. Jedes Leben „plant" sich somit selbst. Oder, was aufs gleiche hinausläuft, bei jeder unserer Handlungen entscheiden wir uns nur durch die Überlegung, daß diese Handlung, unter den gegebenen Umständen, die sinnvollste ist. Das heißt, jedes Leben muß sich – nolens volens – in seinen eigenen Augen rechtfertigen. Diese Rechtfertigung vor sich selber ist ein substantieller Bestandteil unseres Lebens. Man könnte ebensogut sagen, leben heißt, sich nach einem Plan verhalten, oder das Leben ist eine unaufhörliche Rechtfertigung vor sich selbst. Aber Plan und Rechtfertigung setzen voraus, daß wir uns von der Welt, ihren Dingen und unseren in ihr möglichen Handlungen eine Vorstellung gebildet haben. Kurz gesagt, der *Mensch kann nicht leben, ohne auf den ursprünglichen Aspekt seiner Umgebung, der Welt, zu reagieren, indem er sich von ihr und seinem in ihr möglichen Verhalten eine intellektuelle Deutung zurechtgelegt hat.* Diese Deutung ist

[1]) Das Erhabene oder Niedrigste, Kluge oder Dumme eines Lebens ist ja gerade sein Plan. Unser Plan ist, wohlgemerkt, nicht einheitlich für das ganze Leben; er kann sich beständig ändern. Wichtig ist nur, daß er niemals fehlt, weder so noch so.

das oben erwähnte Repertoire der Überzeugungen oder „Vorstellungen“ vom Universum und sich selber, die – wie jetzt klar wird – in keinem Leben fehlen können[1]).

Diese Überzeugungen oder „Vorstellungen“ fabriziert sich der einzelne Mensch keineswegs selber à la Robinson, sondern er empfängt sie aus seinem historischen Milieu, aus seiner Zeit. Da sind die Systeme der Überzeugungen natürlich recht verschieden. Einige sind verrostete, klobige Überbleibsel aus alten Zeiten. Das hindert jedoch nicht, daß es immer ein System lebendiger Vorstellungen, Ideen, gibt, die das höhere Niveau der Zeit repräsentieren, ein System, das in jeder Beziehung der Gegenwart entspricht. Dieses System ist die Kultur. Wer unter diesem Niveau bleibt, in archaischen Vorstellungen lebt, verurteilt sich zu einem minderen, schwierigeren, mühsameren, untüchtigeren Leben. Das ist der Fall des unzivilisierten Menschen, der unzivilisierten Völker. Der unzivilisierte Mensch hat eben von der Welt keine so richtige, reiche und scharfsichtige Vorstellung wie der kultivierte. Wenn der Mensch unter dem Lebensniveau seiner Zeit bleibt, wird er – relativ – zum Inframenschen.

---

[1]) Man wird verstehen, daß, wenn ein solcher Grundbestandteil unseres Lebens, wie die Rechtfertigung vor sich selber, anormal funktioniert, die Erkrankung eine sehr schwere ist. Das ist der Fall bei dem neuen Menschentyp, der in meinem Buch „Der Aufstand der Massen“ studiert wird.

In unserer Epoche kommt der Inhalt der Kultur größtenteils aus der Wissenschaft. Aber das Gesagte genügt, um darauf hinzuweisen, daß Kultur und Wissenschaft nicht identisch sind. Daß man heute, mehr als an alles andere, an die Wissenschaft glaubt, ist kein wissenschaftlicher Faktor, sondern ein aus dem Leben hervorgegangener Glaube, eine charakteristische Überzeugung unserer Zivilisation. Vor fünfhundert Jahren hat man an die Konzilien geglaubt, und der Inhalt der Kultur kam zum großen Teil aus ihnen.

Die Kultur macht es also mit der Wissenschaft nicht anders als die Profession. Sie nimmt von ihr, was ihr wichtig ist, um unsere Existenz zu interpretieren. Es gibt in der Wissenschaft *ganze Stücke, die keineswegs Kultur sind,* sondern rein wissenschaftliche Technik. Umgekehrt muß die Kultur – ob sie will oder nicht – eine umfassende Vorstellung von der Welt und dem Menschen haben, sie darf nicht, wie die Wissenschaft, dort stehenbleiben, wo zufällig die Methoden der absoluten, theoretischen Exaktheit aufhören. Das Leben kann nicht darauf warten, bis die Wissenschaften das Universum wissenschaftlich erklären. Man kann einfach nicht *ad kalendas graecas* leben. Das wesentlichste Attribut der Existenz ist ihre Unaufschiebbarkeit. Das Leben ist immer dringend. Man lebt, jetzt, ohne die Möglichkeit, das Leben zu verzögern oder abzutreten. Das Leben wird auf uns abgefeuert wie ein aus nächster Nähe abgegebener Schuß. Und die Kultur, die ja seine Auslegung ist, kann auch nicht warten.

Damit ist der zwischen Kultur und Wissenschaft bestehende Unterschied bestätigt. Von der Wissenschaft lebt man nicht. Wollte der Physiker von den Ideen seiner Physik leben, würde er sich nicht lange damit aufhalten und darauf warten, daß in vielleicht hundert Jahren ein anderer Forscher die von ihm eingeleiteten Beobachtungen ausbaut. Er würde auf die exakte Lösung verzichten und das, was am rigoros doktrinalen Körper der Physik fehlt und wohl immer fehlen wird, durch annähernd zutreffenden, wahrscheinlichen Vorgriff ergänzen.

Das innere Regime der wissenschaftlichen Betätigung ist nicht lebenswichtig, das der Kultur ja. Deshalb bleibt die Wissenschaft von unseren Bedürfnissen unberührt, sie lebt ihren eigenen Notwendigkeiten. Daher auch spezialisiert und verzweigt sie sich ins Unendliche, wird nie fertig. Die Kultur hingegen wird vom Leben selbst regiert, sie muß immer und in jedem Augenblick ein vollständiges, klargegliedertes System sein. *Sie ist der Plan des Lebens*, der Führer durch das Gestrüpp der Existenz.

Die Metapher von den Vorstellungen, die Pfade (= Methoden) sind, ist so alt wie die Kultur selbst. Ihr Ursprung ist klar verständlich. Wenn wir uns in einer schwierigen, verwickelten Situation befinden, haben wir das Gefühl, vor einem dichten, undurchdringlichen, finsteren Wald zu stehen, der sich nicht durchwandern läßt, ohne sich darin zu verlieren. Da erhellt uns jemand durch einen glücklichen Einfall die Lage, und siehe da, es kommt uns die Erleuchtung. Es ist das Licht der Evidenz. Was verworren war, ist plötzlich in klare Linien geordnet, die sich wie Wege vor unserem Auge öffnen. Daher gehen die Vokabeln Methode und Illumination, Erleuchtung, *Aufklärung*, nebeneinander. Was wir heute „gebildete Menschen" nennen, hieß man noch vor kaum einem Säculum „Erleuchtete" (hombre ilustrado), d. h. einer, der im vollen Licht die Wege des Lebens wandelt.

Mit der unklaren Vorstellung, „Illustriertheit" und Kultur als nur ornamentales Beiwerk, mit dem einige Müßiggänger ihr Dasein schmücken, muß ein für allemal aufgeräumt werden. Es gibt kaum eine krassere Verkehrung. Die Kultur ist eine unentbehrliche Notwendigkeit für jedes Leben, eine konstitutive Dimension der menschlichen Existenz und dem Menschen so unentbehrlich wie die Hand.

Es gibt Fälle, in denen dem Menschen die Hände fehlen, aber dann ist der Mensch nicht vollständig, er ist verstümmelt. Gleiches, nur in weit ausgedehnterem Maße, gilt von einem Leben ohne Kultur, es ist verstümmelt, ein mißlungenes, falsches Leben. Der Mensch, der nicht auf der Höhe seiner Zeit lebt, lebt unter dem Niveau seines wirklichen Lebens, d. h. er verfälscht oder betrügt sein eigenes Leben, lebt es unrichtig.

Einem gewissen Dünkel und trügerischen Schein zum Trotz befinden wir uns heute in einer Epoche schrecklichster Unkultur. Noch nie ist der Mensch in solchem Grade unter seiner eigenen Zeit und ihren Forderungen gestanden, noch nie hat es aber auch so viele verfälschte, auf Blendwerk beruhende Existenzen gegeben. Fast niemand ist mehr in seinen Angeln, im Rahmen seiner wahren, echten Bestimmung. Der Mensch lebt von Ausflüchten, mit denen er sich selbst belügt, er täuscht sich eine ungemein einfache, willkürliche Welt vor, obwohl ihm sein Lebensbewußtsein laut in die Ohren schreit, daß die wirkliche, mit der Jetztzeit übereinstimmende Welt ungeheuer kompliziert, präzis und anspruchsvoll ist. Aber er hat Angst; trotz seiner Haudegen-Gesten ist der heutige Durchschnittsmensch schwach, er fürchtet sich vor dieser wirklichen Welt, die Ansprüche an ihn erhebt, und zieht es vor, sein Leben zu fälschen, indem er sich dagegen in einer fiktiven, höchst einfachen Welt hermetisch abkapselt.

Daher ist es von so historischer Bedeutung, daß man der Universität ihre Hauptaufgabe zurückgibt, den Menschen die Kultur der Zeit in ihrer ganzen Fülle zu lehren, ihm die gigantische Welt der Gegenwart, in die er sein Leben, wenn es echt sein soll, einzupassen hat, mit Klarheit und Genauigkeit zu enthüllen.

Ich würde aus der „Fakultät" Kultur das Herzstück der Universität und des gesamten höheren Unterrichts machen. Wir werden auf das Programm ihrer Disziplinen noch näher eingehen. Jede von ihnen führt zwei Namen, z. B. „Physikalisches Weltbild" (Physik). Mit dieser Dualität in der Bezeichnung soll auf den Unterschied hingewiesen werden, der zwischen einer kulturellen, d. h. nicht fachmäßigen Disziplin, und der korrespondierenden Wissenschaft, aus der sie gespeist wird, besteht. In der „Fakultät" Kultur wird die Physik nicht so vorgetragen, wie sie sich dem darstellt, der sein Leben der physikalisch-mathematischen Forschung weiht. Die Physik der Kultur ist die *streng ideologische* Synthese von Gestalt und Funktion des materiellen Kosmos nach den bis heute erzielten Ergebnissen der physikalischen Forschung. In dieser Disziplin wird auch noch erklärt, wie der Physiker dazu gelangt, sein imposantes Gebäude aufzurichten, was zwangsweise zu einer Analyse der Anfänge der Physik führt und dazu zwingt, ihre Evolution, wenn auch gekürzt, so doch scharf zu umreißen. Der Student kann sich dadurch einen klaren Begriff von der Welt machen, auf die hin der Mensch von gestern, vorgestern und vor tausend Jahren lebte, und sich dessen, was dagegen unsere Welt von heute ist, voll bewußt werden.

Und jetzt ist es am Platz auf einen Einwand einzugehen, der zu Beginn dieser Abhandlung aufgetaucht ist, aber nicht sofort berücksichtigt werden konnte. Wie sollte man – so wurde gefragt – das heutige physikalische Weltbild jenem verständlich machen, der die höhere Mathematik nicht studiert hat? Die mathematische Methode dringt täglich mehr bis zum Mark des Körpers der Physik vor.

Ich wünschte, der Leser würde sich der ausweglosen Tragödie bewußt, die es für die Zukunft des Menschen bedeutete, wenn dem wirklich so wäre. Es gibt nur zwei Möglichkeiten: Um nicht töricht und ohne Kenntnis dessen, was die materielle Welt ist, in der wir uns bewegen, dahinzuleben, müßten alle Menschen – velis nolis – entweder Physiker sein und sich der Forschung weihen[1]) oder sich zu einer Existenz resignieren, die durch eine ihrer Dimensionen dumm wäre. Dem Alltagsmenschen stünde der Physiker wie ein mit magischem, hieratischem Wissen begabtes Wesen gegenüber. Beide Lösungen wären, gelinde gesagt, nicht wünschenswert.

Glücklicherweise gibt es das nicht. Zunächst führt die hier verfochtene Doktrin zur Forderung einer intensivsten Rationalisierung der Lehrmethoden, vom untersten bis zum höchsten Unterricht. Gerade bei der Betonung des Unterschieds zwischen Wissen-

[1]) Bei jeder Hingabe gibt man, wenn sie ernst gemeint ist, auch das Leben. Nichts Geringeres.

schaft und Kultur ergibt sich die Möglichkeit, die Wissenschaft zu zergliedern, und sie leichter assimilierbar zu machen. Das „ökonomische Prinzip im Unterricht" begnügt sich nicht damit, Disziplinen zu eliminieren, die der Student nicht lernen kann, sondern es verfährt auch in der Art zu lehren, was gelehrt wird, ökonomisch. Auf diese Weise verdoppelt sich in der Kapazität des Studenten die Spannweite, so daß er schließlich *sogar noch mehr als heute lernen kann*[1]). Ich glaube daher, daß in der kommenden Zeit kein Student die Hochschule bezieht, der in der physikalischen Mathematik nicht genügend beschlagen ist, um wenigstens die Formeln zu verstehen. Die Mathematiker übertreiben gerne die Schwierigkeiten ihrer Wissenschaft. Letzten Endes ist die Mathematik, wenn auch sehr umfangreich, doch nicht etwas Unübersehbares. Daß sie heute so schwierig erscheint, kommt nur von dem nicht genügend auf Vereinfachung bedachten Unterricht. Das gibt mir Gelegenheit, zum erstenmal mit gewissem Nachdruck zu erklären, daß es um die Zukunft der Wissenschaft schlecht bestellt ist, woferne man nicht diese Gattung intellektueller Arbeit fördert, die zwar weniger der Mehrung der Wissenschaft im üblichen Sinne der Forschung dient, als ihrer Vereinfachung, und, ohne an Substanz und

[1]) Gerade durch die Einsparung im Unterricht wird die wirkliche Studienzeit ertragreicher.

Qualität zu verlieren, in ihr eine hochkonzentrierte Synthese herausbildet.

Es muß der heutigen Zersplitterung und Komplizierung der wissenschaftlichen Aktivität, die nicht durch eine, an entgegengesetztem Interesse inspirierte, wissenschaftliche Spezialarbeit kompensiert wird, Einhalt geboten werden. Es handelt sich hier um die Konzentrierung und Vereinfachung des Wissens. Und es muß für die Synthetisierung ein ganz besonders geeigneter Talenttyp herangezüchtet werden. Das ist für das Schicksal der Wissenschaft entscheidend.

Des weiteren stelle ich ausdrücklich in Abrede, daß die fundamentalen Ideen einer *realen* Wissenschaft, welche sie auch sei – Anfang, Erkenntnismodus und letzte Schlußfolgerungen –, um verstanden zu werden, einer formalen technischen Routine bedürften. Gerade das Gegenteil ist der Fall. In dem Maße, in dem man in einer Wissenschaft zu Ideen gelangt, die unvermeidlicherweise ohne technische Geübtheit nicht auskommen, verlieren diese Ideen ihren fundamentalen Charakter und werden nur zu interwissenschaftlichen, d. h. instrumentellen Angelegenheiten[1]). Die Beherrschung der hohen Mathematik ist zur Betreibung der Physik unentbehrlich, aber

[1]) Im Grunde besitzt die Mathematik ganz und gar diesen instrumentellen und keineswegs fundamentalen oder realen Charakter, wie es bei der Wissenschaft ist, die das Mikroskop studiert.

nicht, um die Physik in ihrer menschlichen Relation zu verstehen.

Die Nation, die heute ruhmreich und unbestritten in der Wissenschaft die Führung hat, ist glücklicher- und unglücklicherweise die deutsche. Der Deutsche hat nämlich neben seinem erstaunlichen Genie und seinem Ernst für die Wissenschaft einen angeborenen, schwer ausrottbaren Fehler. Er ist pedantisch und unaufgeschlossen, hermetisch. Er ist es *a nativitate*. Die Folge ist, daß die heutige Wissenschaft nach mehreren Richtungen in Wirklichkeit nicht reine, wirkliche Wissenschaft ist, sondern Erfolg pedantischer Emsigkeit, es fehlt ihr an „Welthaltigkeit". Die zeitgenössische Wissenschaft von ihren Auswüchsen, Riten und ausschließlich deutschen Manien zu befreien, ihren wesentlichen Gehalt herauszuschälen, ist eine der Aufgaben, die Europa ehestens zu erfüllen hat[1]).

Europa rettet sich nur, wenn es wieder zu sich selber zurückfindet. Und es muß in seiner Position viel fester werden als in den bisherigen, die so oft mißbraucht wurden. Dem kann sich niemand entziehen, auch nicht der Mann der Wissenschaft. Er hat heute

---

[1]) Um das hier Angedeutete zu verstehen, darf nicht vergessen werden, daß das einer sagt, der Deutschland vier Fünftel seiner geistigen Habe verdankt und der sich heute mehr denn je der unbestreitbaren, turmhohen Überlegenheit der deutschen Wissenschaft über alle anderen bewußt ist. Die Frage, auf die hier hingewiesen wird, hat damit nichts zu tun.

noch allerlei Feudalismus, Egoismus, Indisziplin, Dünkel und Hierarchisches an sich.

Der Wissenschaftler, der sich Mitte des letzten Jahrhunderts auflehnte und schmachvoll von jenem Rebellionsevangelium, das seitdem zum Schlagwort der breiten Masse und zur großen Zeitverfälschung geworden ist, anstecken ließ, muß humanisiert werden[1]). Er muß es aufgeben, das zu sein, was er heute mit bedauerlicher Häufigkeit ist, ein Unkultivierter, der in einer Materie ein großes Wissen hat. Glücklicherweise haben sich die Prominentesten der heutigen Wissenschaftler unserer Generation, aus dem innerem Zwang ihrer Wissenschaft selbst, genötigt gesehen, ihren Spezialismus durch integrale Kultur zu ergänzen. Die anderen werden nicht anders können, als in ihre Fußtapfen zu treten. Die Herde folgt ja stets dem Leithammel.

Alles zielt darauf ab, eine neue Integrierung des heute in der Welt zerstückt herumliegenden Wissens zu erreichen. Die uns damit gestellte Aufgabe ist ungeheuer und kann nur durch eine Methodisierung

---

[1]) In moralischer Hinsicht besteht die Hauptaufgabe der Gegenwart darin, den gewöhnlichen Menschen — die anderen sind sowieso nie darauf hereingefallen — von der ganzen Torheit zu überzeugen, die dieser billige, anspruchslose Rebellionsimperativ enthält, und wie trotzdem fast alle jene Dinge, gegen die sich der Mensch aufgelehnt hat, verdienen begraben zu werden. Die einzige wirkliche Auflehnung ist die Schöpfung — die Auflehnung gegen das Nichts, der Antinihilismus. Luzifer ist der Patron der Pseudorebellen.

des höheren Unterrichts, wie wir sie in den anderen Unterrichtsstufen bereits haben, gelöst werden. So unglaublich es klingt, aber uns fehlt eine Universitäts-Pädagogik.

Die Erfindung einer Technik, die es ermöglicht, mit der heutigen Anhäufung des Wissens Schritt zu halten, ist zu einem der dringlichsten Anliegen der Menschheit geworden. Wenn der Mensch nicht Mittel und Wege findet, dieser wuchernden Vegetation Herr zu werden, wird er darin ersticken. Über dem Urwald des Lebens entsteht ein zweiter Urwald, der ursprünglich den ersten vereinfachen sollte. Wenn die Wissenschaft Ordnung in das Leben brachte, muß jetzt Ordnung in die Wissenschaft gebracht werden. Man muß sie organisieren. Da es doch schon nicht angeht, sie zu reglementieren, soll wenigstens die Möglichkeit geschaffen werden, ihr eine gesunde Fortdauer zu sichern. Dazu muß man ihre Lebenskraft stärken und sie so gestalten, daß sie mit dem menschlichen Leben, von dem und für das sie geschaffen wurde, in Einklang kommt. Anderenfalls – ich warne vor einem unbegründeten Optimismus – wird sich die Wissenschaft verflüchtigen – der Mensch sich daran desinteressieren.

Wenn man sich die Mission der Universität und den eigenartigen – synthetischen und systematischen – Charakter ihrer kulturellen Disziplinen überlegt, eröffnen sich so weite Perspektiven, daß sie den päd-

agogischen Raum überschreiten und uns in der Universität als Institution ein Organ zur Rettung der Wissenschaft erblicken lassen.
Die Notwendigkeit einer kraftvollen Synthetisierung und Systematisierung des Wissens für den Unterricht in der Kultur-„Fakultät“ wird eine Gattung wissenschaftlicher Talente fördern, die bisher nur durch Zufall entstand, den Integrierungstyp. Streng genommen ist das auch eine Spezialisierung, wie zwangsläufig jede schöpferische Leistung, aber in der Integrierung spezialisiert sich der Mensch im Aufbau eines Ganzen, einer Totalität. Und die Bewegung, aus der der Forschung der Anstoß kommt, sich bis ins Unendliche in Sonderprobleme aufzuspalten, sich geradezu zu pulverisieren, braucht, wie jeder gesunde Organismus, mittels vom Gegenteil her einsetzender Bewegung eine ausgleichende Regulierung, die die zentrifugale Wissenschaft in ein strenges System zwingt und darin festhält.
Männer, die in dieser Hinsicht besonders begabt sind, werden mit größerer Wahrscheinlichkeit gute Professoren sein als jene, die sich in die Forschungsarbeit versenken. Aus der Verwechslung von Wissenschaft und Universität entstand ja das Übel, die Lehrstühle – einer Zeitmanie folgend – mit Forschern zu besetzen, die in der Regel miserable Lehrer sind und im Unterricht nur einen Raub an ihrer Zeit erblicken, die sie weit nutzbringender im Labor oder im Archiv

verbrächten. So war es auch in meinen Studienjahren in Deutschland. Ich habe viele bedeutende Wissenschaftler jener Zeit kennengelernt, aber darunter nicht einen einzigen guten Lehrer[1]).

[1]) Damit soll natürlich nicht gesagt werden, daß es in Deutschland überhaupt keine guten Lehrer gibt. Es gibt sie nur nicht mit der erforderlichen Häufigkeit.

V

WAS DIE UNIVERSITÄT „AUSSERDEM" SEIN MUSS

DAS „ÖKONOMISCHE" PRINZIP, DAS GLEICHZEITIG DER Wille ist, die Dinge nicht utopisch, sondern so zu nehmen, wie sie sind, hat uns veranlaßt, die elementarste Aufgabe der Universität wie folgt abzugrenzen:

1. Unter Universität versteht man *stricto sensu* die Institution, in der man den Durchschnittsstudenten lehrt, ein gebildeter Mensch zu werden und eine gute Berufsausbildung zu erhalten.
2. Die Universität duldet in ihrem Gebrauch keinen „Bluff", d. h. sie wird vom Durchschnittsstudenten nicht mehr fordern, als was praktisch von ihm verlangt werden kann.
3. Auf diese Weise verhütet man, daß der Durchschnittsstudent einen Teil seiner Zeit an das Bemühen verschwendet, den Anschein zu erwecken, er werde Wissenschaftler. Es muß also vom Torso oder Minimum der Universitätsstruktur die rein wissenschaftliche Forschung ausgeschaltet werden.
4. Kulturdisziplinen und berufliches Fachstudium werden pädagogisch rationalisiert – synthetisch,

systematisch, vollständig – dargeboten, also nicht in der von einer sich selbst überlassenen Wissenschaft bevorzugten Form von Spezialproblemen, Bruchstücken und Forschungsversuchen.

5. Bei der Professurauslese ist nicht der Rang des Kandidaten als Forscher entscheidend, sondern nur sein Synthesierungstalent und seine Lehrbegabung.
6. Bei dem auf diese Weise quantitativ und qualitativ auf ein Minimum reduzierten Studium wird die Universität in ihren Anforderungen an den Studenten jedoch unnachsichtlich sein.

Durch diese Askese in den Ansprüchen, diese etwas derbe Ehrlichkeit, die Grenzen des Erreichbaren aufzuzeigen, wird es, glaube ich, möglich sein, auf das Fundamentale des Hochschulwesens zu kommen, das in Wirklichkeit in seiner Begrenzung, seiner inneren, radikalen Wahrhaftigkeit besteht. Wie schon erwähnt, muß sich das neue Leben vom Gesichtspunkt der schlichten Hinnahme der Bestimmung her reformieren, der Bestimmung des Individuums oder der Institution. Alles übrige, was wir darüber hinaus aus uns selber oder aus den Dingen machen wollen – Staat, Privateinrichtungen –, wird nur dann einschlagen und Früchte tragen, wenn wir es auf dem durch die Hinnahme unserer Bestimmung, unseres *Minimums*, bereiteten Boden ansäen. Europa krankt daran, daß jeder, der sich nicht einmal bemüht, in einem einzigen Fach etwas Richtiges zu sein, gleich zehnerlei anstrebt. Das Geschick ist die einzige Scholle, auf der das menschliche Leben und alle seine Bestrebungen Wurzel schlagen können. Alles übrige ist Fälschung, Leben der Leere, Leben ohne vitale Authentizität, ohne Bodenständigkeit.

Und jetzt können wir uns ohne Vorbehalt und ohne Bedenken dem zuwenden, was die Universität „außerdem" sein soll.

Tatsächlich kann die Universität, die vorläufig nichts anderes ist, als was wir aufgezählt haben, *nicht dabei bleiben.* Jetzt ist der richtige Moment, die Rolle der Wissenschaft in der Physiologie des Universitätskörpers, eines Körpers, der eigentlich Geist ist, in ihrem ganzen Umfang und ihrem ganzen Wesen zu erfassen.

Wir haben zunächst gesehen, daß Kultur und Berufsausbildung zwar nicht Wissenschaft sind, aber in der Hauptsache von ihr gespeist werden. Ohne Wissenschaft kann sich die Bestimmung des europäischen Menschen nicht erfüllen. Das bedeutet im gigantischen Panorama der Geschichte die Entschlossenheit, aus seinem Intellekt zu leben, und die Wissenschaft ist ja nichts anderes als *in Form* gebrachter Intellekt. Ist es etwa Zufall, daß unter soundso vielen Völkern nur Europa Universitäten besaß? Die Universität ist der Intellekt und daher die Wissenschaft – als Institution –, und daß man aus dem Intellekt eine Institution machte, war der spezifische Wille Europas

anderen Rassen, Ländern und Zeiten gegenüber. Es war der geheimnisvolle Entschluß des europäischen Menschen, *von* und aus seiner Intelligenz zu leben. Andere zogen es vor, aus anderen Fähigkeiten und Potenzen zu leben (man denke an die wundervollen Konkretionen, in denen Hegel in den Vorlesungen über „Philosophie der Geschichte" die Weltgeschichte konzentriert, wie ein Alchimist ganze Tonnen Kohle auf ein paar Diamanten reduziert. „Persien oder das Licht!" – man versteht darunter die magische Religion. „Griechenland oder die Anmut! Indien oder der Traum! Rom oder die Herrschaft!").
Europa ist die Intelligenz. Wundervolle Gabe, gewiß. Wundervoll, weil sie als einzige ihre eigene Begrenzung erkennt und damit beweist, wie weit die Intelligenz wirklich intelligent ist. Die sich selber im Zaum haltende Potenz ist in der Wissenschaft realisiert.
Würden sich Kultur und Berufstudium in der Universität isolieren und ohne Kontakt mit dem ständigen Ferment der Wissenschaft der Forschung bleiben, würden sie alsbald zur knorrigen Scholastik versteifen. Die Wissenschaft muß um die Universität ihre Lager – Laboratorien, Seminarien, Diskussionszentren – aufschlagen. Diese müssen den Humus bilden, in den der höhere Unterricht seine gierigen Wurzeln senkt. Die Universität muß Laboratorien jeder Gattung offenstehen, gleichzeitig aber auf sie

einwirken. Alle überdurchschnittlichen Studenten werden abwechselnd diese Lager und die Universität frequentieren. Man hält dort Kurse über alles Menschliche und Göttliche von einem ausschließlich *wissenschaftlichen Gesichtspunkt* aus. Einige der Professoren – die größeren Kapazitäten – sind gleichzeitig Forscher, die übrigen, die nur „Lehrer" sind, leben, von der Wissenschaft ständig angeregt und überwacht, unter dem Einfluß dieser scharfen Fermente. Nicht zulässig ist jedoch die Verquickung des Universitätszentrums mit der die Universität umgebenden zirkulären Forschungszone. Universität und Laboratorien sind zwei verschiedene, aber in einer abgerundeten Physiologie korrelative Organe. Der Universität steht nur der institutionelle Charakter zu. Die Wissenschaft ist eine zu sublime und exquisite Betätigung, als daß sie zur Institution gemacht werden könnte. Sie ist nicht zu unterjochen und kann in keine Dienstvorschrift gezwängt werden. Daher die gegenseitige Schädigung, wenn man Hochschulunterricht und Forschung verschmelzen will, anstatt sie in intensivem Austausch, aber vollkommener Freiheit, konstant, aber spontan, nebeneinander hergehen zu lassen.

Zusammenfassend sei festgestellt: Die Universität ist zwar von der Wissenschaft verschieden, aber, wie sich zeigen wird, nicht von ihr zu trennen. Ich möchte sagen, die Universität ist *außerdem* Wissenschaft.

Das ist aber nicht ein x-beliebiges „außerdem", eine

simple Beifügung, eine rein äußerlich zu verstehende Juxtaposition, sondern – und jetzt können wir es, ohne Gefahr mißverstanden zu werden, aussprechen – die Universität muß *vor allem* Wissenschaft sein. Eine mit Begeisterung für die Wissenschaft und Anstrengung geladene Atmosphäre ist für die Existenz der Universität die erste und *radikalste Vorbedingung*. Gerade weil sie, durch sich selbst, nicht Wissenschaft ist – allumfassende Schöpfung des strengen Wissens –, muß sie *von der Wissenschaft leben*. Ohne diese Voraussetzung wäre alles, was in diesem Essay gesagt wurde, sinnlos. Die Wissenschaft ist die *Würde* der Universität – es gibt Leute, die auch ohne Würde auskommen –, die *Seele* der Universität, das Prinzip, das sie mit Leben speist und verhütet, daß sie zum bloßen Mechanismus wird. All das drückt sich in der Behauptung aus, daß die Universität *außerdem* Wissenschaft ist.

Aber noch etwas[1]). Die Universität braucht den permanenten Kontakt mit der Wissenschaft nicht nur, weil sie sonst erstarrt. Sie braucht auch den Kontakt mit dem öffentlichen Leben, mit der historischen Realität, mit der Gegenwart, die ja immer ein *integrum* ist und nicht anders denn als Totalität ohne jede Amputation *ad usum Delphini* genommen werden

[1]) Wohlbedachterweise habe ich in diesem Essay das Thema „Universitätserziehung“ überhaupt nicht angeschnitten, sondern mich asketisch an das Problem des Unterrichts gehalten.

kann. Die Universität muß auch der vollen Aktualität aufgeschlossen sein, ja mitten drin stehen, in ihr untertauchen.

Das sage ich nicht nur, weil die Universität durch die freie historische Luft angeregt werden muß, sondern, umgekehrt, weil das öffentliche Leben die Intervention der Universität als solche dringend braucht.

Dazu ließe sich noch mancherlei sagen. Ich beschränke mich jedoch nur auf den Hinweis, daß es heute im öffentlichen Leben keine andere „geistige Macht" gibt als die Presse. Das öffentliche, wirklich historische Leben muß immer gelenkt werden, ob es will oder nicht. Es ist an sich anonym und blind, ohne autonome Führung. Heute sind noch dazu die früheren „geistigen Mächte" verschwunden: die Kirche, weil sie die Gegenwart aufgegeben hat, während das Leben immer aktuell bleibt, der Staat, weil er durch den Sieg der Demokratie über die Öffentlichkeit nicht nur keine lenkende Gewalt mehr hat, sondern umgekehrt von der öffentlichen Meinung regiert wird. Unter diesen Umständen hat sich das öffentliche Leben der einzigen geistigen Kraft hingegeben, die sich ex officio mit der Aktualität beschäftigt, der Presse.

Es liegt mir ferne, den Presseleuten irgendwie zu nahe zu treten. Doch wäre es Selbstbetrug, die offensichtliche Hierarchie der geistigen Realitäten zu verkennen. In dieser Hierarchie nimmt die Presse einen untergeordneten Rang ein. Infolgedessen steht heute das öffentliche Gewissen nur unter dem Druck und Befehl jener unbedeutenden Geistigkeit, die ihren Niederschlag in den Spalten der Tagesblätter absetzt. Diese Geistigkeit hat oft einen solchen Tiefstand, daß sie überhaupt nicht mehr an Geistigkeit heranreicht, ja in gewissem Sinn antigeistig wird. Durch die Desinteressierung anderer Kräfte fiel die Aufgabe, die öffentliche Meinung zu speisen und zu lenken, an den Journalisten, der nicht allein einer der ungenügend gebildeten Schichten der heutigen Gesellschaft angehört, sondern aus Ursachen, die, wie ich hoffe, vorübergehend sind, Pseudointellektuelle in sein Gremium aufnimmt, die von Ressentiment und Haß gegen den wirklichen Geist erfüllt sind. Schon von Berufs wegen hat der Journalist das als Realität der Zeit hinzustellen, was augenblicklich den meisten Staub aufwirbelt, sei es, was es wolle, selbst wenn es weder Perspektive noch Architektur besitzt. Das reale Leben ist reine Aktualität, aber durch die journalistische Optik wird diese Wahrheit entstellt, das Aktuelle zum Momentanen gemacht und dem Momentanen Resonanz verliehen. Die Folge ist, daß im Bewußtsein der Öffentlichkeit die Welt heute als gänzlich invertiertes Bild erscheint. Je größer die substantielle und nachwirkende Bedeutung einer Sache oder Persönlichkeit ist, um so weniger Aufhebens wird davon in der Presse gemacht. Dafür aber werden jene Dinge herausgestellt, deren Gehalt mit einer

Notiz unter den Tagesnachrichten erschöpft wäre. Die oft uneingestehbaren Interessen der Unternehmungen müßten ohne Einfluß auf die Blätter bleiben, das Geld von der Doktrin der Zeitungen ferngehalten werden und die Presse in ihrer Mission, die Welt von der Kehrseite her zu schildern, ihr Genügen finden. Nicht wenig von der kläglichen Verkehrung der Dinge – Europa steht seit geraumer Zeit auf dem Kopf und zappelt mit den Füßen in der Luft – ist auf das Konto der ungeteilten Herrschaft der Presse, der einzigen „geistigen Macht“, zu schreiben.

Dieser Situation abzuhelfen ist eine Frage, bei der es um Europas Leben und Sterben geht. Dazu muß aber die Universität als solche in die Aktualität eingreifen und die großen Themen des Tages von ihrem eigenen Gesichtspunkt aus, vom kulturellen, professionellen und wissenschaftlichen Gesichtspunkt, behandeln. Auf diese Weise wird sie nicht eine nur den Studenten vorbehaltene Institution, ein Innenhof *ad usum Delphini*, sein, sondern, inmitten des Lebens mit seinen Notwendigkeiten und Leidenschaften stehend, sich als überlegene „geistige Macht“ der Presse gegenüber durchsetzen und dem Wahnsinn Abgeklärtheit, der Frivolität und unverhohlenen Dummheit Ernst und Scharfsinn entgegenstellen.

Dann wird die Universität wieder zu dem, was sie in ihrer großen Zeit war, zum bewegenden Prinzip der europäischen Geschichte.

BIOGRAPHISCHE UND BIBLIOGRAPHISCHE ANMERKUNGEN

José Ortega y Gasset wurde 1883 in Madrid als der Sohn eines damals namhaften Schriftstellers und Journalisten geboren. Er studierte Philosophie und Geisteswissenschaften und machte mit 21 Jahren seinen Doktor. Im Jahre 1905 studierte er in Deutschland an den Universitäten Berlin, Leipzig und Marburg. In Marburg war Ortega Schüler Hermann Cohens. Großen Einfluß hatte auf ihn auch Wilhelm Dilthey. 1910 wurde er an die Universidad Central in Madrid berufen, wo er 25 Jahre lang den Lehrstuhl für Metaphysik innehatte. Seit 1902 ist Ortega Mitarbeiter verschiedener Tagesblätter und Zeitschriften; 1914 erschien sein erstes Buch. Neun Jahre später gründete er die „Revista de Occidente", eine der lebendigsten und verantwortungsbewußtesten europäischen Zeitschriften, die sich in den 13 Jahren ihres Bestehens mit zeitgenössischen Problemen aller Art auseinandersetzte. In der dieser Zeitschrift angegliederten „Bibliotheca" *wurden unter Ortegas Leitung die bedeutendsten Neuerscheinungen auf dem Gebiet der Kultur und Philosophie ins Spanische übertragen. Eines der ersten dieser Werke waren Husserls „Logische Untersuchungen"; Bühlers „Theorie der Sprache" ist soeben erschienen.*

Ortega hat im Geistesleben der spanischen Welt höchstes Ansehen und größte Bedeutung erlangt. Um seine Vorlesungen scharten sich die Gruppen, die sich heute mit dem entsprechenden Ernst den Forschungsarbeiten widmen, und ihm ist es auch zu danken, daß die spanische Kultur in der Wissenschaft und Philosophie einen ehrenvollen Platz einnimmt.

In den letzten Jahren hielt sich Ortega vielfach in Frankreich, Holland, Argentinien, Portugal, den Vereinigten Staaten und England auf und entfaltete dort eine rege Lehr- und Vortragstätigkeit. In der jüngsten Zeit kam er mehrmals nach Deutschland, wo seine Vorträge ungewöhnliches Interesse erregten. In Spanien gründete er, benachbart der staatlichen Universität, das Instituto de Humanidades. Die von ihm selbst abgehaltenen Kurse bilden das bedeutendste geistige Ereignis im Leben des heutigen Spanien.

Obwohl Ortegas Vorlesungen und Vorträge noch nicht in Buchform erschienen sind, umfassen seine „Gesammelten Werke" („Obras completas") schon sechs umfangreiche Bände. Immer, wenn auch in manchmal verhüllter philosophischer Intention, hat Ortega in hohem literarischem Stil alle Themen behandelt, die den heutigen Menschen angehen. Im Vorwort zur deutschen Ausgabe eines seiner Werke („Die Aufgabe unserer Zeit") schrieb E. R. Curtius: „Ortega ist vielleicht der einzige Mensch in Europa, dem es gegeben und gemäß ist, mit der gleichen Sicherheit des Urteils, dem gleichen Glanz der Formulierung über Kant wie über Proust, über Debussy wie über Scheler zu sprechen." Aus diesen Worten geht hervor, wie sich in Ortegas Schaffen Strenge, Form und Mannigfaltigkeit in ungewöhnlicher Art verschmelzen.

Unter seinen wichtigsten Werken sind zu nennen: „Meditaciones del Quijote", die Bände „El Espectador", „España invertebrada", „El tema de nuestro tiempo", „Ni vitalismo ni racionalismo", „Las Atlantidas", „La deshumani-

zación del arte e idea sobre la novela", „Kant", „La rebelión de las masas", „Goethe desde dentro", „En torno a Galileo", „Ideas y creencias", „Apuntes sobre el pensamiento: su teurgia y su demiurgia", „Estudios sobre el amor", „Historia como sistema", „Guillermo Dilthey y la idea de la vida", „Papeles sobre Velazquez y Goya" u. a. Hiervon sind in deutscher Übersetzung erschienen unter den Titeln: „Die Aufgabe unserer Zeit" 1928, „Der Aufstand der Massen" 1931, „Über die Liebe" 1933, „Buch des Betrachters" 1934, „Stern und Unstern; Gedanken über Spaniens Landschaft und Geschichte" 1937, „Geschichte als System" 1943, „Das Wesen geschichtlicher Krisen" 1943, „Um einen Goethe von innen bittend" 1949, „Betrachtungen über die Technik; Der Intellektuelle und der Andere" 1949, „Vom Menschen als utopischem Wesen" 1951.

In diesen Werken — und in noch ungedruckten Arbeiten, besonders dem jetzt in Satz gegangenen „La idea de principio en Leibniz y la evolución de la teoría deductiva" — hat Ortega seine persönlichen Beiträge zum zeitgenössischen Denken, vorzüglich hinsichtlich der Begriffe von Geschichte, Gesellschaft und „Leben des Menschen", niedergelegt.

INHALT

www.ingramcontent.com/pod-product-compliance
Lightning Source LLC
La Vergne TN
LVHW092105300926
849161LV00002B/41

* 9 7 8 3 4 8 6 7 7 8 8 2 3 *